先が見えない時代の「お金」と「幸福」の黄金比

最短最速で結果を出して幸せに生きる！
新しい「お金の思考法」

イングリッシュおさる

KADOKAWA

本書はこんな人に役立ちます

- □最短最速で〝億〟を本気で達成して経済的自由を手に入れたい！
- □好きな仕事で稼ぎたい
- □スキルや発信したい情報はあるけれど、どうやってマネタイズに持っていけばいいかわからない
- □副業で本業を超えるぐらいの収入を上げたい
- □ＳＮＳマーケティング、コンテンツ販売でマネタイズしていきたい
- □物販を行っているがうまく行かないので別のビジネスを始めたい
- □ＳＮＳマーケティングを学んで実践したけれど伸びない。フォロワーは増えたけれどマネタイズができていない

- □ 事業を行っているが、売上が上がらず苦しんでいる
- □ 年商は数千万、億を超えているが利益率が低い。広告でも疲弊し、現状から脱却したい
- □ 低単価商品販売で一時的に稼げたが、その後ずっと売上が停滞している。高単価での売り方がわからない
- □ お金の不安を解消したい
- □ そこそこのマネタイズに成功したが、このままやっていけるのか不安
- □ お金の扱い方・使い方がわからない
- □ 「もっといい生活をしたい」「もっと○○が欲しい」という野心ばかりが強くて、どこまで稼いでも満足できない

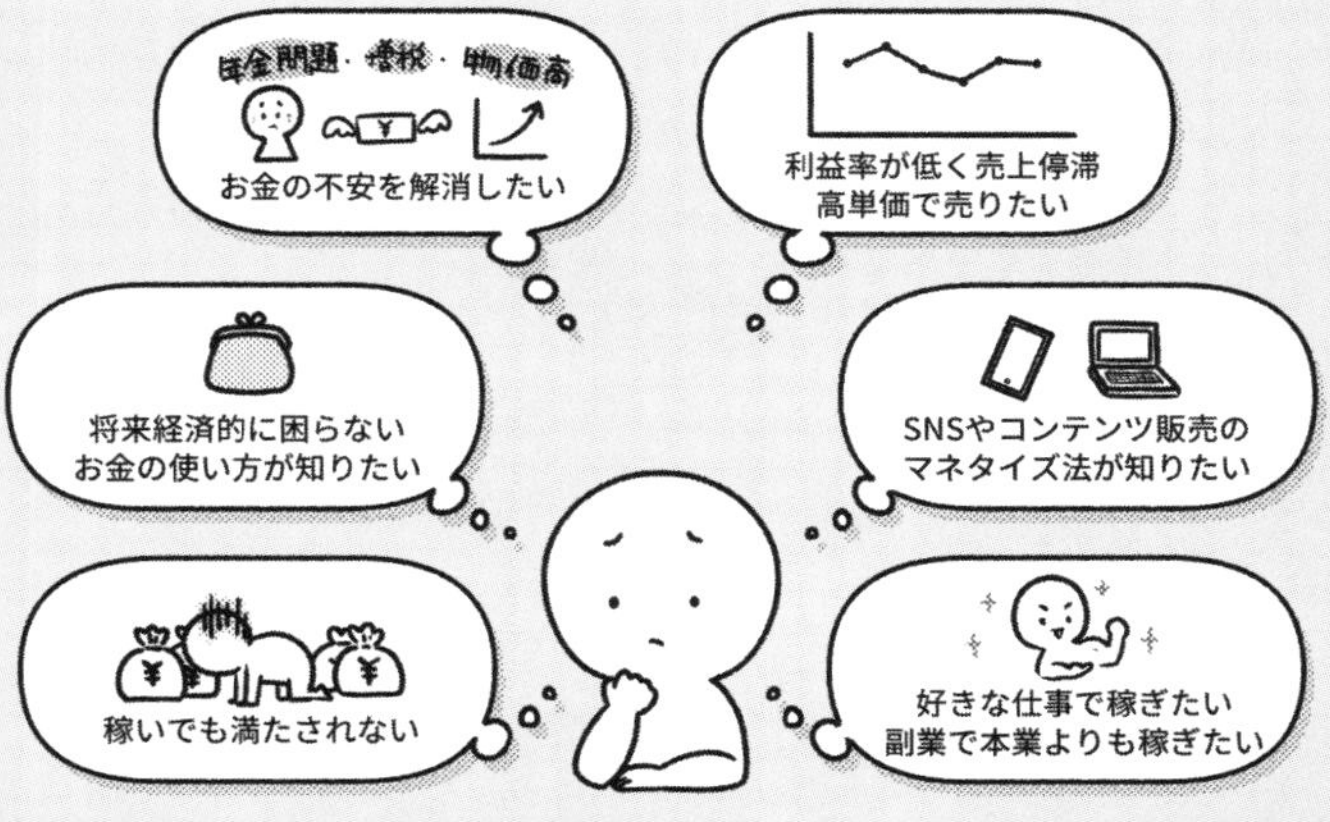
年金問題・増税・物価高
お金の不安を解消したい
利益率が低く売上停滞
高単価で売りたい
将来経済的に困らない
お金の使い方が知りたい
SNSやコンテンツ販売の
マネタイズ法が知りたい
稼いでも満たされない
好きな仕事で稼ぎたい
副業で本業よりも稼ぎたい

最短最速で“億”を達成し、経済的自由を手に入れ本当の幸せをつかむ

はじめに

Ｈｅｙ　Ｇｕｙｓ！　イングリッシュおさる、またの名をＹｏｕＴｕｂｅマーケターおさると申します。

僕を知らない人もいると思うので、最初に自己紹介をさせてください。

僕はもともと、公立高校の英語の教師をしていました。月給は手取り18万円。朝４時起きで月１５０時間の時間外労働という日々でした。それも生活指導、保護者対応など英語と関係のない仕事が８割。心身ともに限界を迎えていました。

そこから一念発起して起業し、

・起業１年で月商３・６億円到達

・起業３年半で１人で累計25億円以上の売上を達成（利益率約95％）

・法人1期目で年商5・2億円（税引前純利益4・7億円）
・法人2期目で年商11億円（税引前純利益10億円）

という成果を上げることができました。


事業内容は英語教育とマーケティングの2軸展開をしています。

英語教育ではYouTubeの登録者数は40万人超。オンラインスクールを運営していて、受講生が1800人を超えています。

マーケティングのほうは中小企業の経営者、個人事業主を対象として、SNSマーケティングの指導、コンテンツ販売の指導を行っています。コンテンツ販売とは動画やテキストなどのコンテンツ・情報を売るビジネスです。

こちらは受講生が1000人を超えています。この1000人の業界・業種は多岐にわたります。

僕のビジネスの特徴は、従業員なし、オフィスなし、広告なしで利益率が約95％と高いことです。

大企業が年商１００億円、２００億円の売上を上げて初めて得られる利益を、たった１人で上げることができています。

「どうしてそんな成果を上げることができたのか」と思われるかもしれません。

本書はまさに、僕が今まで行ってきたマーケティング講座の知見をもとに、主にコンテンツ販売での**「億を稼ぐマネタイズ法」**、そしてお金を持ち続けるための**「お金の哲学」**について、**今、僕の持てるすべてを公開**するものです。

本書を読めばみなさん、**億を稼ぐ道筋が手に取るように理解できる**はずです。

「自分には無理そうだ」「億なんてありえない」と思うかもしれませんが、現に**僕のマーケティングの受講生からは数千万、億プレイヤーが続出**しています。この方々も最初は「自分にはとても億なんて稼げない」と言っていた方々です。

僕は、この講座を通して自分のビジネスに再現性があることを確信しています。誰でも正しい手順で正しい行動をすれば、ゼロから億をマネタイズすることが現実的に可能です。

この方法を僕は**「おさる式億を稼ぐマネタイズ法」**と呼んでいます。そのまんまですが（笑）。

「おさる式億を稼ぐマネタイズ法」は僕が自信を持って世の中に送り出している方法ですが、実は**マネタイズは成功してからが難しい**です。

ちょっとビジネスがうまくいった人が思わぬことでお金を失ったり、マネタイズが持続しなかったりというケースを僕はいくらでも見てきました。

マネタイズを持続させるためには確固とした「お金の哲学」が必要なのです。

過去のおさる
・手取り18万円の英語教師
・朝4時起き、22時帰宅
・月の時間外労働150時間
・英語に関係ない仕事8割
・土日は部活指導
地獄の生活…
貯金ナシ・休みナシ・不健康の三重苦
今のおさる
英語教育とマーケティングの2軸展開
起業1年で月商
3.6億円
法人1期目で年商
5.2億円
起業3年半で累計
25億円
以上の売上
法人2期目で年商
11億円
億貯金・休み自由・健康で順風満帆

「お金の哲学」とは何かというと、たとえば次のようなものです。

- **コスト意識を持つ**
- **分不相応な買い物をしない**
- **「足る」を知る**

このような「お金の哲学」がないと、お金を守り、お金を積み上げていくことができません。頑張って稼いだお金があっという間になくなるという事態に陥りかねません。

こんな若造が知ったふうなことを……と思われるかもしれませんが、僕は**ここまでほぼ失敗することなくやってくることができました。それはやっぱりお金の哲学があってこそ**だったと思っています。

その意味では**「おさる式億を稼ぐマネタイズ法」**は**「お金の哲学」とワンセット**です。

本書では、僕が実体験から得た「お金の哲学」も紹介していきます。僕自身、お金の哲学を持ったことで信じられないほどの幸福感を得ることができています。

みなさんが億のマネタイズに成功し、幸せな人生を送ることができますよう、僕の全力で本書を贈ります！

イングリッシュおさる

目次

第1章

「月収18万円の元教員が起業1年目で月商3・6億円を達成するまで」

第2章 感謝されながら最短最速で「億」をマネタイズする方法

第3章

おさる式「億を稼ぐ」ロードマップ

第4章

「お金持ち」を続けるための「おさる式お金の哲学」

第5章 お金で不幸になる人・幸せになる人

第1章

月収18万円の元教員が起業1年目で月商3・6億円を達成するまで

バスケに明け暮れた中学高校時代

中学高校時代の僕は部活（バスケ）漬けの毎日でした。結構自分なりに頑張って、中学ではU（アンダー）15の県選抜に選ばれたし、高校では当時のインターハイの優勝校と予選で当たって敗れたものの、そこで個人で34得点を上げることができました。もう自分としてはバスケについては満足でした。

そのまま系列の大学に進んだのですが、それまで全然勉強をしてこなかったので焦りを感じ、これは何とかしなければ……と思いました。**高校で一番成績がマシだったのが英語だった**ので、まず英語から始めようかと考えました。

大学入学前に**TOEICの模試を受けたのですが、忘れもしない、そのときの点数が280点でした。マシなはずなのに280点**（笑）。

通っていた大学は留学生が多く、英語で授業が行われたり、英語が飛び交うような環境だったせいもあり、これはヤバいと思いました。

それで、本気で勉強を始めたのが6月。そこから**半年後の12月にTOEICで900点**を取ることができました。その後も英語漬けで過ごし、大学3年で英検1級に合格。TOEICは970点を取りました。

卒業後は英語の教員になりました。

うちは教員一家で両親ともに教員。4人きょうだいなのですが、姉以外は全員教員です。父のきょうだいも教員。だから、僕も教員になることが当たり前のような気がしていました。

手取り18万円、激務の教員生活に疲弊

ところが、この教員生活がとんでもない地獄の毎日だったのです。

まず、拘束時間が長い。朝4時台に起きて、5時台に家を出て、帰りは夜の9時、10時です。なんでそんなに時間を取られるのかというと、仕事が多すぎるから。**生徒指導や部活の指導、保護者対応など、英語と関係ない仕事が8割。**学校が荒れていたこともあって、本当にキツイの一言でした。

土日も部活の指導などがあって満足に休めません。時間外労働が月150時間を超

えていました。**時間外労働は月80時間を超えると「過労死ライン」と言われていますが、その倍**なのですから、ありえない過酷さでした。

そして、**こんなに働いて給料は手取り18万円**でした。

英語が好きで教えることも好きだったけど、もう疲弊しすぎてそんなことも飛んでしまい、消耗するだけの日々でした。

こんなに激務なことを調べずに教師になってしまった僕が悪いのですが、このままではいずれ限界が来ると思いました。

自分の知識という「無形商品」を売る

どうにかしてこの状況から抜け出したいと、転職・起業を考えました。

最初にやったのが、誰もが思いつくであろうメルカリでの不要品販売でした。自分の読み終わった英語の本などを販売し始めたのです。

不要品販売なんてビジネスに何の役にも立たないと言われがちですが、**僕にとって**

はこの経験が人生を変えました。

写真の撮り方、リサーチしてプライシング（値段を決める）、購入者とのやり取り、数量限定など希少性の出し方、パッケージ化してまとめ売りするなど、ネットビジネスで必要な基礎を学ぶことができたのです。

ところが、当たり前ですが**不要品販売は売るものがなくなると終わってしまいます。**

そこで**僕は猿だけに（!?）思考を進化させ、「無限に商品を作るためにはどうしたらいいか」**を考えるようになりました。

そのときメルカリで「オリジナル教材」、つまり自分で作った社会や数学のプリントを売って稼いでいる人がいることを知りました。

メルカリというと、中古品とか家にある不要品を売るみたいなイメージがあるかもしれませんが、**有形物（禁止されているもの以外）であれば何でも売っていい**のです。

「これだ！」と思い、早速、英語の教材を作って販売を始めました。注文が入るとプリントしてコンビニで送るのです。これで理論上は無限に商品を作ることができるわけです。しかも受注販売だから在庫を持たなくていいし、経費もさしてかかりません。

ここで数万円を稼ぐことに成功しました。しかしインク代、紙代、メルカリの決済手数料などの経費、さらに印刷をして梱包《こんぽう》をして送るという労働時間を考えると、**「少しマシなバイト」**といったレベルでした。

でも、僕は**この経験をふまえて、さらに1段階上の思考**にたどり着きます。

プリントアウト・発送という手間をかけることなく、知識という無形商品をお金に換えることができないか、そう考えたのです。つまり**「コンテンツ販売」**ですが、教員だった当時の僕はそんな言葉すら知らないビジネス初心者でした。

そこで始めたのが、個人のスキルを売り買いできるサイト**「ココナラ」で英語の指導**をすることでした。これで印刷する手間も省けて在庫も抱えず、自分の知識という無形財産を商品化することに成功したのです。

ですが、**このビジネスにも致命的な欠陥**がありました。

それは**「時間の切り売り」という問題**です。僕の30分という時間を使って1500円という対価をいただくわけですから、そこには時間という限界があります。

さらに、ココナラというプラットフォームの手数料という問題も解決できていませんでした。

そこでようやく、

- **自分で集客をして決済手数料を不要にする**
- **無形商品（スキルや情報）を販売**
- **時給を高くする**

という**「3つの条件」をすべて満たさなければだめ**なのだとわかったのです。

そうであれば本格的にビジネスを行うために、すでに「知識」という無形商品を販売している方から学ぼうと決意しました。

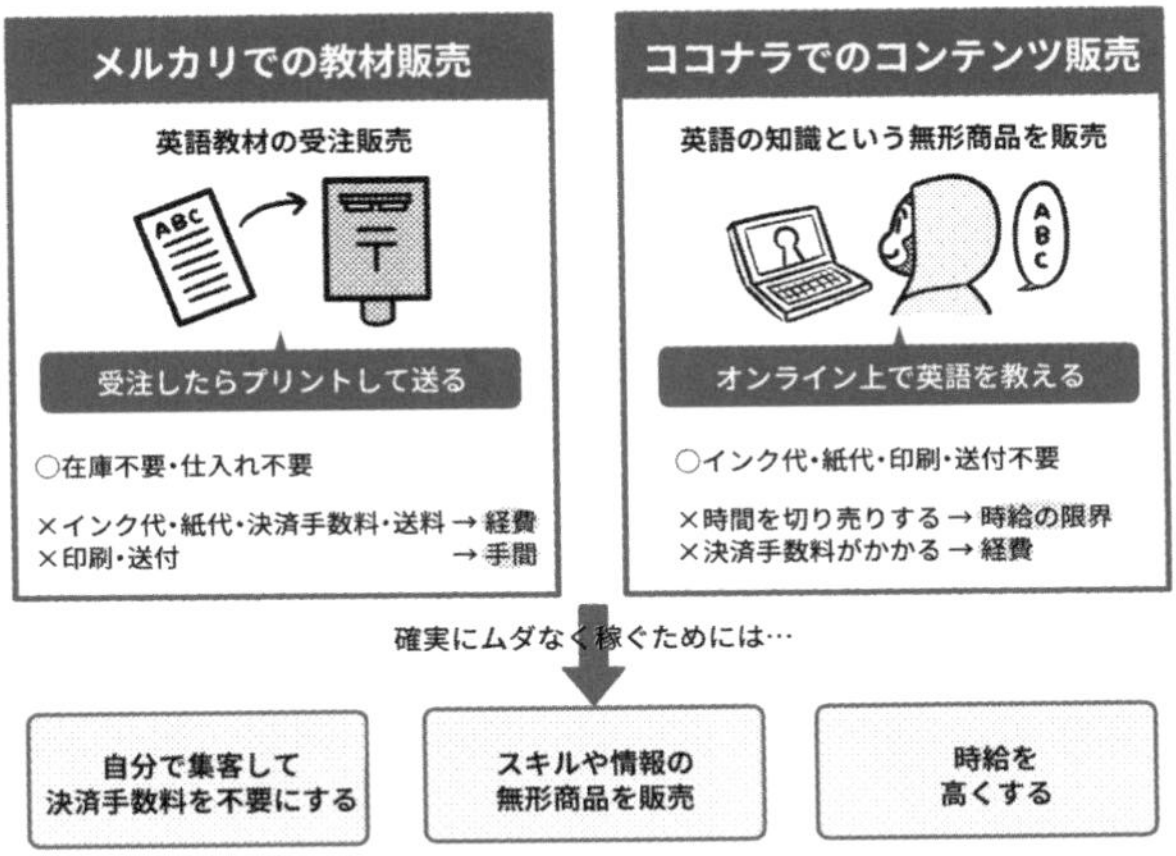
メルカリでの教材販売
英語教材の受注販売
ABC
受注したらプリントして送る
○在庫不要・仕入れ不要
×インク代・紙代・決済手数料・送料 → 経費
×印刷・送付 → 手間
ココナラでのコンテンツ販売
英語の知識という無形商品を販売
ABC
オンライン上で英語を教える
○インク代・紙代・印刷・送付不要
×時間を切り売りする → 時給の限界
×決済手数料がかかる → 経費
確実にムダなく稼ぐためには…
自分で集客して決済手数料を不要にする
スキルや情報の無形商品を販売
時給を高くする

「他人の商品」を販売して初めてわかったこと

まず、Ｗｅｂマーケティングを学ぶスクールに3カ月ほど入会してみました。

そこではアフィリエイトを少しだけ学び、実際にそのスクールをアフィリエイトすることで少し利益を得ながら、販売・マーケティングの基礎を学ぶことができました。ただ、ここにも問題があって、それは**販売するものが「他人の商品」**であるということです。これだと商品を作成する人がいなくなると終わってしまうという恐怖があります。それに、そもそもこのビジネスは自分の得意なことでも何でもないし、興味もないから伸びませんでした。

人生を変えた講座との出会い

ここに至ってついに**「自分のスキル」**を**「自分で売る」**、つまり**自分の得意な英語を指導して、それを自ら販売することに決めました。**

「それなら最初から英語を教えればよかったじゃないか」と思われるかもしれませんが、**当時の僕はまさか自分の知識がメルカリ、ココナラ以外で商品になるとは1ミリも思っていなかった**のです。ましてや**その商品が数十万円で販売できるなんて考えたこともありませんでした。**

そこで、あるマーケターの講座を受講し、ビジネスの全体像を学びました。この講座で学んだことは僕にとってとても有意義でした。

早速、自分のＹｏｕＴｕｂｅチャンネルを本格的に開始し、個別英語指導を商品として提供し始めました。

このときはまだ教員だったので、顔出しするわけにいかず、お面をかぶって撮影をすることになりました。最初のお面はめちゃめちゃ暗いやつで、今とは全然違うので、興味のある方はＹｏｕＴｕｂｅで見てみてください。

これが**「おさる」の始まり**です。２０１９年の12月のことです。

最初は動画制作も下手すぎてどうにもならなかったけど、回を追うごとにどんどんスキルアップしていきました。

再生回数・フォロワー数もみるみる伸び、「これはイケる」と思った時点で教員を退職しました。

まだ収益が発生していなかったし、綱渡り的なところはあったけれど、頑張れば絶対いけるという自信しかありませんでした。

２０２０年4月に個人事業主として起業し、英語の個別コーチングを開始。**ＹｏｕＴｕｂｅチャンネルの伸びに伴って、爆発的に集客ができて売れ始めました。**

２カ月目の5月には月収３８０万円、６月には月収５５０万円、８月には月収２５００万円とゼロから１、１から１００を達成しました。途中で法人化しています。

ＹｏｕＴｕｂｅ登録者は11カ月で10万人を突破しました。その後も順調に増えて、現在は40万人超となっています。

英語教育のオンラインスクールを商品化

最初は個別で英語を教えていたのですが、すぐに人数が上限いっぱいになってしまい、いったん募集を止めました。

そこで**一対多数で指導できるスクールを新たに開講。**ここからは**もう自分でもわけがわからないぐらい稼げるように**なっていきました。

起業して1年目に月商3・6億円超を達成することができました。

何よりも僕にとって励みになったのは、**やればやるだけ成果となって表れる**ことです。**教員時代はどれだけ頑張っても手取り18万円**は変わりませんでした。でも**起業してからは自分の行動量がダイレクトに結果に反映する**のです。

それはもう快感でしかなかったし、完全に夢中になっていました。

「マーケターおさる」として活動を開始

英語のオンラインスクールが軌道に乗ると、ネットを通してビジネスをしている人たちと横のつながりができるようになりました。そこでいろんな人と交流するうちに、**「集客ができなくて悩んでいる」「売り方がわからない」「商品の単価が安く利益が上がらない」という声があることに気づきました。**

そこで思ったのは、**僕がやっていることをシンプルに真似すれば、誰でも成功できる**のではないかということです。

次の段階として、**このWebマーケティングのスキルを多くの人に広めていきたい**と考えました。

とはいえ、自分のやってきた手法が他の人、他の業種の人にも通用するか、少々不安があったので、最初は無料相談から開始しました。

そこで**この手法が誰であっても、どの業種であっても使える**ことがわかり、個別のコンサルティングを開始しました。

その後、**「YouTubeマーケターおさる」**として教材を作って講座をリリースしたのが2022年の11月。こちらは英語と同じマーケティング手法でいいので、もうラクにビジネスを発展させることができました。

後で述べますが、講座を受講してくれた人からは**月に数百万～数千万円、数億円の売**

上・収益を上げる人が続出しています。

そしてうそ偽りなく、ほとんどの受講生が成果を出しています。

僕は頭がいいわけでもないし、ビジネスの才能があるわけでも何でもありません。**ただ単にひとつのことに長時間集中してコミットした**という、それだけです。

半年でTOEICが280点から900点を取れたのも、大学3年で英検1級が取得できたのもそれです。「おさるさんだからできたんじゃないか」と言われることもあるのですが、まったくそんなことはありません。僕は記憶力も悪いし、語学のセンスもありません。自分のまわりを見ても、語学のセンスのある人がたくさんいて、それと比べても自分は全然ダメだと思っています。

本当にただひたすらやり込んだ、その一点に尽きるのです。

これはやはり学生時代のバスケの経験が大きいです。中高ともバスケ漬けだったと言いましたが、日曜日は9時から17時まで、17時以降も自主練習を21時までやっていました。お昼休みとちょっとした休憩以外はずっと練習するわけです。休みは週に1

日だけでした。

このバスケをやっていたときと同じように英語に取り組み、英語に取り組んだようにビジネスにも取り組んだだけです。

だから僕にとって何かに向かって努力するのは当たり前なのです。やりきること、ハードワークがセンターピンです。

シンプルな話で、**人が1日3時間やるところを10時間やれば、人よりも3倍速く人生を進められるという、それだけのこと**です。

何かをモノにするためには一定の時間も必要です。時間をかけて努力を重ねることです。

逆に言えば、それさえやれば**特別な才能や特技がなくても、誰でもひとつのことをモノにすることは可能**だと思っています。

おさる式マーケティングとは

僕のやり方の最大の特徴は、**海外のトップマーケターのマーケティング手法を取り**

入れつつ日本人の特性に合わせた、オリジナルのハイブリッドマーケティング戦略にあります。

海外のコンテンツ販売は、たとえばダイエット教材を3万円で売って、「あとは自分で頑張ってくださいね（自助努力）」「自力で管理してくださいね（自己管理）」という売り方です。

僕はそれにずっと違和感を持っていました。**「売りっぱなし」では買ってくれた人（消費者）の行動を促せない**と思ったのです。

そこで**Zoomをやったりセミナーを開いたりして、ちゃんとフォロー、サポートをしてあげる**というやり方にしました。

単価はもちろんそれで上がってしまうけれど、**売りっぱなしの3万円のコンテンツより、しっかりフォローアップのついた50万円のコンテンツのほうが受講生の成果は確実に上がります。**

そしたら5万円のコンテンツを100人に売るより、フォローアップのついた50万円のコンテンツを10人に売ったほうがいいですよね。そして少数の受講生の成果を確実に出す。**これこそがおさる式マーケティング**です。

この本で伝えたい「2つ」のこと

僕はたった4年前まで手取り18万円の貧乏教員でした。

それが、**メルカリで不要品販売→英語の知識という無形商品の販売→時間の切り売りではないオンラインスクールの販売**という思考を身につけたことで、**たった1年で月商3・6億円を達成**できました。

僕が言いたいのは、どんなに不利な状況であったとしても、目の前にあることに全力で取り組んでいけば、その挑戦の結果に思考が追いつき、行動が変わっていくということです。

本書で僕が伝えたいことは2つあります。

ひとつは**「おさる式億を稼ぐマネタイズ法」**。僕が実践してきた稼ぎ方、マネタイズの方法です。

「この通りにやれば誰でも稼げる」という方法をあますことなく、みなさんにすべて伝授します。今が**「ゼロ」だとしても、発信する軸やスキルさえあれば最短最速で億のマネタイズを現実的に可能にする道のりがすべて明確になる**のです。

僕は短い期間で成功できたように見えるかもしれないけれど、やっぱり失敗もしているし、迷ったり、無駄にやってしまったりしたこともたくさんあります。

たとえば「一流のコーチの教える練習方法」がすごいのは、やっぱり彼ら自身が無駄な練習方法や失敗を繰り返してきて、それを排除してブラッシュアップした最高の方法を教えるからだと思うのです。その最終形まで磨き上げられた方法を教わったら、それはもう上達できるのは当たり前ですよね。

それと同じで、**僕が導き出した方法でやれば、僕と同じ労働量をこなさなくても、最短で成功することができる**わけです。

僕はＹｏｕＴｕｂｅ動画を始めた最初のうちは全然ダメで、やっと伸びたのは40本目でした。でも**僕の真似をした人は1本目から伸びます。**自分で教えておいて言うのもおかしいのですが、みなさんがうらやましい（笑）。

僕は月収２５００万円を達成するのに半年近くかかりましたが、もっと短期間で２５００万円に到達した人も実際にいます。

この方法を本書で初公開するので、ぜひ楽しみにしてください。

大事にしている「お金の哲学」

そしてもうひとつ、本書で僕がお伝えしたいのは**「おさる式お金の哲学」**。お金のマインドセットについてです。

お金って哲学なしに稼ぐことはできないし、稼げば稼ぐほど落とし穴も増えていきます。お金は稼いだ後のほうが人生攻略が難しいです。

こうした落とし穴に落ちることなく、いかに大切なお金を守り、自分の幸せをキープできるか。それは**お金を稼ぐこと以上に大事なこと**だと思っています。

本書を読んで、「おさる式億を稼ぐマネタイズ法」を実践すれば、誰でもお金を稼ぐ道筋がわかります。

でも、それを裏打ちする「哲学」も、それと同じぐらい、いやそれ以上に必要です。**マネタイズの方法、そしてお金持ちを続けるための哲学、その両輪がバランスよく回ってこそ初めてお金を維持することができ、幸せが手に入る**と僕は思っています。

本書を読んでくださったみなさんにはぜひしっかり稼いで、そして「幸せ」になってほしいと強く願っています。
それでは次の章から早速「おさる式億を稼ぐマネタイズ法」を紹介していきましょう。

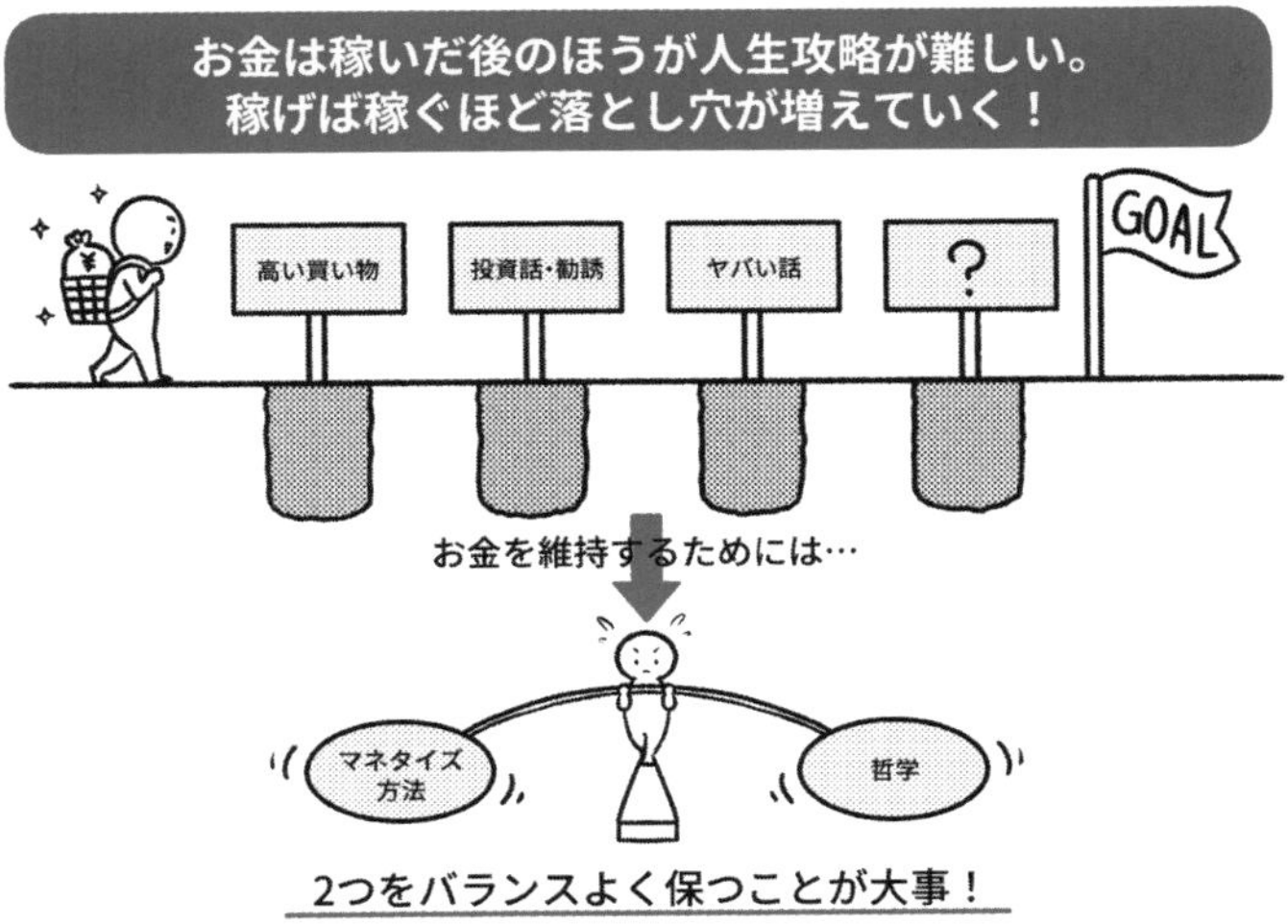
お金は稼いだ後のほうが人生攻略が難しい。
稼げば稼ぐほど落とし穴が増えていく！
高い買い物
投資話・勧誘
ヤバい話
？
GOAL
お金を維持するためには…
マネタイズ方法
哲学
2つをバランスよく保つことが大事！

第2章 感謝されながら最短最速で「億」をマネタイズする方法

さあ、ビジネスをスタートさせよう

あなたにピッタリなビジネスとは

この章では、ビジネスをスタートさせるためのマインドセットについて述べていきます。

まず、何をビジネスとするかが重要です。

一般的に誰でも始めやすいビジネスに「コンテンツ販売」「物販」があると思います。

コンテンツ販売とは、自分のスキルや情報を動画、音声、テキストなどで販売するものです。オンラインセミナーやオンラインスクールもコンテンツ販売に含まれます。

物販は仕入れをして在庫を抱えなければいけないこと、商品の梱包・発送という手間がかかることなど、準備や費用が必要になります。

これに対してコンテンツ販売は自分のスキルや情報が商品ですから、誰でも始めやすく、元手をかけずに始めることができます。**きちんとした価値提供さえできれば、個人でも大きく稼ぐことが可能**です。

あなたのスキル・知識が売れる！

コンテンツ販売を始めるにあたって、何らかのスキル・専門性がある、発信する内容があるという人は問題ありません。

現時点でビジネスをスタートさせていて、そこで売上が上がっていなくても大丈夫。**「おさる式億を稼ぐマネタイズ法」で仕切り直すことで圧倒的な結果を出すことが可能**です。

「スキルはあるのだけど、人に教える自信がない」「同じジャンルにすごい人がいて、自分はその人に比べると実力が足りない」という人もいるでしょう。

これについては、最初から最高レベルのスキルを持っている必要はありません。初心者が相手ならば、最初は**「少しだけ先輩」の立場でOK**です。初心者の方が成果を出せるだけのスキルで十分なのです。初心者に難しいことを教える必要はないわけですから。

ただ、スキルは高いに越したことはないし、「今のスキルのままでずっとやっていける」というのも違うと思います。その意味では**スキルアップはどの段階でも必要**です。

副業で月5万円稼いでいる人は理論上は月ゼロ円の人に教えられるけど、やっぱりみんな月5万円の人より月100万円、1000万円稼いでいる人に教わりたいですよね。

だから決して**「ちょこっとのスキル」で勝てるほど甘い世界ではないというマインドは持っていただきたい**と思います。

僕も今でも常に英語の勉強、マーケティングの勉強を続けています。TOEIC

９７０点を取っても勉強は必要です。

「物を作るのが得意なので作った物を売りたい」「すでに物販ビジネスを行っている」という人もいると思います。

もちろん物販を極めるのもいいのですが、そこから1段階進んで「作品の作り方や売り方を教える」「物販についてのノウハウや仕組みを教える」ことで、「コンテンツ化」が可能となります。

「ゼロ」を「イチ」にするために

一方で自分が今、発信するものが何もない、つまり「ゼロイチ」の「ゼロ」の人もいるかと思います。そのような場合はどうすればいいでしょうか。

ひとつのヒントとして、「儲かりそうなこと」より「自分がやりたいこと」を追求するのがいいと思います。やっぱり好きなことは長続きします。

そう言うと「やりたいことが見つからない」と悩む人がいるのですが、やりたいことより**やりたくないことを見つけることが重要**です。

「やりたくない」ことを人生から排除していくのです。たとえば「満員電車に乗りたくない」とか「接客はやりたくない」とかです。それをどんどん出していくと、最後は「やりたいことだけ」が自然と残っていきます。

「これだけはやりたくない」ということを決めると、負から脱却しようと思うから、めちゃめちゃモチベーションが上がります。

実際に僕も、**英語の教員をどうしても辞めたい**というところからスタートしています。辞めたい一心でYouTube動画を必死で作りました。そして、そこでやりたいことを見つけることができました。

「強み」は「イライラすること」に隠されている!?

自分の得意や強みがわからないという人は、**「人といてイライラすること」**を考えてみるといいと思います。

たとえばですが、人が話しているのを聞いて「なんでこの人、結論から話さないのだろう」「自分ならもっと論理的に話すのに」とか、イライラすることってありませんか？　それは自分が普通にできてしまっているからイライラするわけです。そこには「内容を整理して話すことができる」という才能が隠れていたりします。

あるいは友達にアドバイスを求められることはないか、考えてみてもいいと思います。「ファッションについて人からアドバイスを求められることが多い」とか、「仲間から『プレゼン資料の作り方を教えてほしい』と言われる」とか。

もちろん、**それだけですぐにコンテンツ化して稼ぐというのはちょっと無理です。そこに糸口を見出して、スキルを磨いていけば稼ぐ力はついていく**と思います。

「あなたでもできる」は大ウソ

よく「スキルのない人でも大丈夫！」「あなたは実はもうスキルを持っている！」みたいな発信をしている人がいるけれど、それはちょっと筋違いだと思います。

大して努力をしてこなかった人が、「これがちょっと得意だから」とか、「自分にも簡単にできそう」とかのレベルで稼げる世界ではないです。

小手先のテクニックで稼ごうというのは人をだますことになるし、ビジネスとして長続きしません。

ちゃんと地に足をつけて、しっかりとしたスキルを身につけて、そこでやっとスタートが切れるのです。

ビジネスを始めても、後に述べる「モニター販売」の段階で受講生が成果を出せないなら、いったんはやめたほうがいいです。

そこからスキルアップさせて出直すか、ゼロベースで考え直すぐらいの覚悟が必要だと思っています。

必ずすべきは「スモールスタート」

ビジネスをスタートするにあたっては、必ず**スモールスタートを心がけていただきたい**と思います。

初期費用をバーンとかけて、大きく出て期待値をめっちゃ高く設定……というのは失敗したときに損失が大きすぎます。

必ずスモールスタートして、うまくいかなかったときにすぐに軌道修正していけば、損失も最低限でリカバリーできて、その後に大きな利益を得られることが多いです。

それと、最初は**ひとつのことにコミットすることも大事**です。

というのも、僕の方法は誰でも結果が出せるので、ちょっと利益が出てくると「あっちもやってみようかな」「こっちもよさそう」と目移りしそうになるものです。基盤がしっかりしていないうちからそれをやるのはちょっと危険です。

最低でも1000万円、できれば1億円を

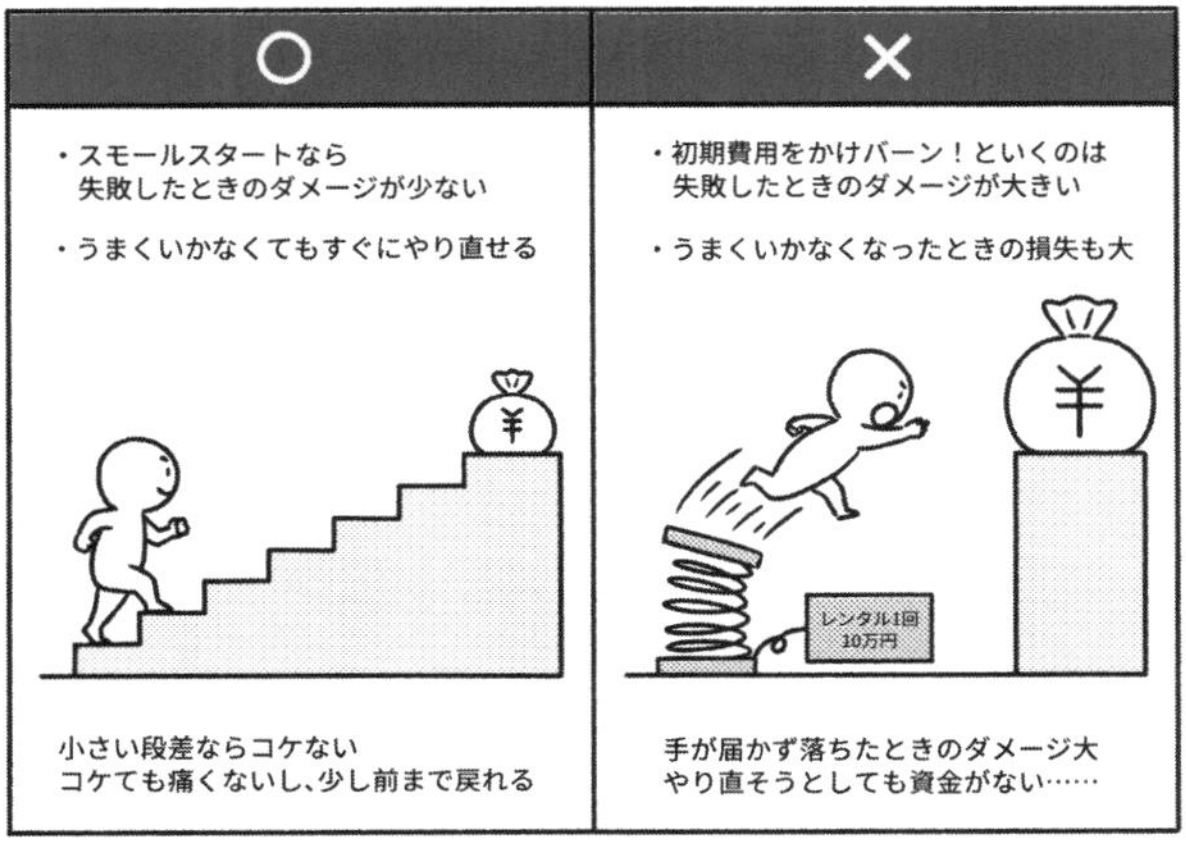
○
・スモールスタートなら
失敗したときのダメージが少ない
・うまくいかなくてもすぐにやり直せる
¥
小さい段差ならコケない
コケても痛くないし、少し前まで戻れる
×
・初期費用をかけバーン！といくのは
失敗したときのダメージが大きい
・うまくいかなくなったときの損失も大
¥
レンタル1回
10万円
手が届かず落ちたときのダメージ大
やり直そうとしても資金がない……

作るまではほかのものには手を出さないというマインドで臨んでいただきたいと思います。

Osaru's Keyword

ビジネスは初期費用を抑えてスモールスタートにする

The Golden Ratio Of Money And Happiness

マネタイズの基本は「価値を提供する」というシンプルな本質

僕がマネタイズし続けられている理由

何をやるにしても、絶対的に大事なことがあります。それは**「価値提供」**です。**お客様に価値を提供するという、このシンプルなこと**です。ここで言っている価値とは情報であり、スキル、コンテンツのことです。

このゆるぎない価値提供が根本にあるからこそ、僕は起業して4年間、風化するどころか右肩上がりに結果を出し続けていられて、受講生のみんなも実績を上げてこられたと思っています。

小手先のテクニックとか、ノウハウではないのです。たとえば「ＴｉｋＴｏｋでこのBGMを使うとバズりやすい」「最適なハッシュタグをつける」「毎日投稿がいい」などというテクニックがあるけれど、それはもう枝葉の部分でしかないのです。

本当に価値のあるもの、いいコンテンツを提供し続けると、その結果としてあなたにファンがつきます。

アーティストを考えてみてください。売れている歌手、アーティストも毎日新曲を出しているわけではないですよね。1年に1曲でもいい歌を出し続けていけば、長く人の記憶に残って、名曲として何十年も歌い継がれるわけです。

いいコンテンツとはそういうことです。

Osaru's Keyword

マネタイズの基本は「価値提供」にある

煽り売りをした人の末路

よく**「誰でも○○できる」「簡単に稼げる」とかいって広告で煽《あお》って売っている人**がいます。スキルがないのに広告で煽りまくって年商10億円稼いだという人もいます。

煽り売りは、

- **感謝されない**
- **信頼されない**
- **まわりから評価されない**

と、いいことがひとつもありません。結局、炎上するなどして評判が悪くなって海外に逃げた……という人を、僕はたくさん見てきました。

逃げたはいいけれど、煽り売りした人はもう二度と同じビジネスはできません。

結局、**煽り売りは将来自分が稼げるお金を煽って先に刈り取っているだけ**なのです。

その意味では「期待値調整」は絶対に大事です。最初は売上が上がらなくてもいいので、ちゃんと誠心誠意、商品の内容を伝えるのが重要だと思います。

結局、「近道」はない！

結局、近道はないということです。

①スキルを身につける
②情報発信して実績を作る
③マネタイズする

すべてはこの順番で丁寧にステップを踏んでやっていくことに尽きます。

多くのケースでは①をサボるから、マネタイズできなかったり、広告で煽り売りをして炎上したりしてしまうのです。

昔から「情報商材」というビジネスがありますが、中身のないもの、内容の薄い詐欺まがいのものを「絶対稼げます」「すぐに〇〇できる」などと煽って売るみたいなビジネスです。

コンテンツ販売はこれらの「情報商材」と一緒にされてしまうこともあるのですが、**決定的な違いは、発信者のスキルが本物かどうか、そして再現性があるかどうか**ということだと思います。

僕は**英語なら英検1級、TOEIC970点という圧倒的な実績、マーケティングも億をマネタイズする受講生が続出というゆるぎない実績**があり、そこに立脚したスキルを売っているわけです。その違いは**受講生の成果**として表れます。

ただ「情報商材は怪しい」といっても、知識や情報を売ること自体がいけないというわけではありません。

海外にもコンテンツ販売はありますが、怪しいというイメージは全然なくて、ごく当たり前にビジネスとして成立しています。日本では黒いイメージになっているのです。

そこはもう、オセロゲームではないけれど**白に塗り替えていかなければならない**ところだと思っています。

要は、しっかりとしたスキルや情報があるのであれば、高価であっても堂々と販売していいのです。

The Golden Ratio Of Money And Happiness

短期間で一気に稼げ！

20歳の1000万円と80歳の1000万円は同じ価値ではない

1・8億円。

突然ですがみなさん、この数字って何だと思いますか？

実は、この数字は20歳時点での「1000万円」の実質的な価値です。

「どういうこと？」と思うかもしれませんね。ちょっと説明しましょう。

20歳の1000万円と、コツコツ頑張って貯めた80歳の1・8億円というのは、実は同じ価値ということです。

たとえば20歳で1000万円を貯めて、それを年利5％のインデックス投信で複利で運用したとすると、60年後の80歳のときには1・8億円になっているというわけです。

僕自身も、2億円程度をインデックス投信で運用していますが、複利だと本当に雪だるま式に増えていきます。

何が言いたいかというと、**若いうちに短期間で稼ぐ1000万円と、数十年かけて節約しながらコツコツ貯める1000万円は価値が一緒ではない**ということです。

これは有名な話なのですが、ジャックさんとジルさんという方がいました。ジャックさんは18歳から25歳の8年間、毎年50万円、合計400万円を投資しました。

一方ジルさんは、26歳から65歳の40年間、毎

早い段階で稼ぐに越したことはない！

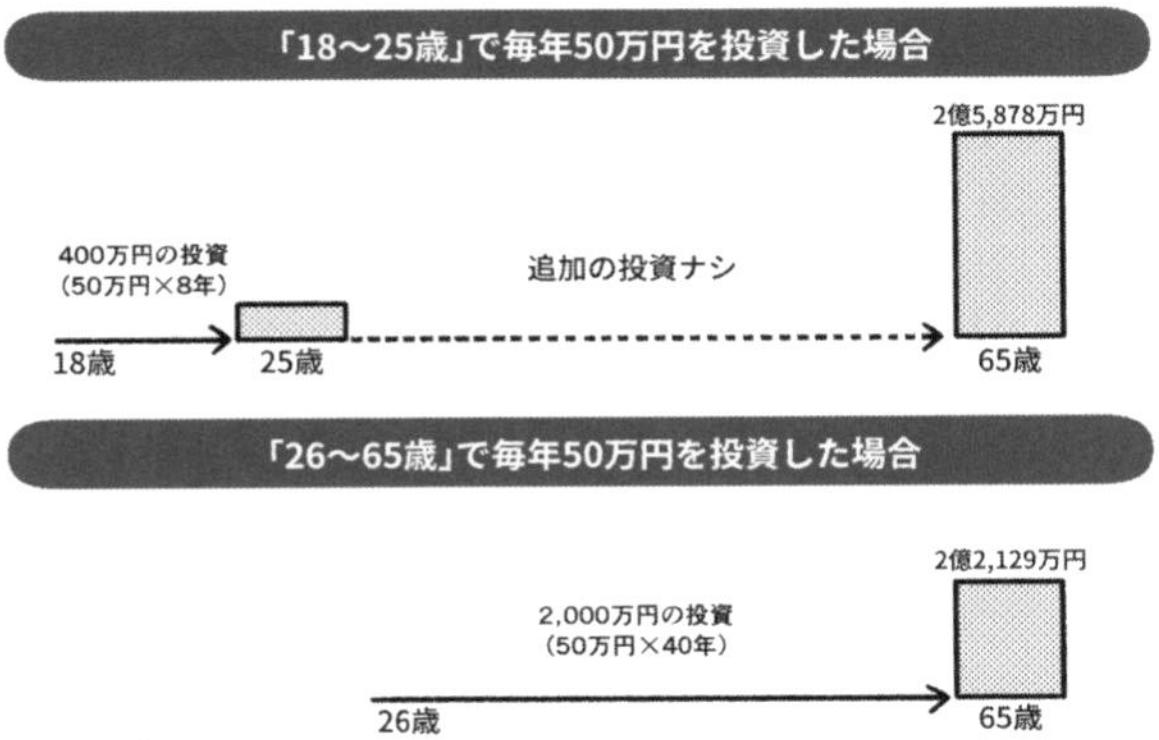

※年利10%の場合

出典：YouTubeチャンネル「両学長 リベラルアーツ大学」

年50万円、合計2000万円を投資しました。

ジャックさんとジルさんは同じ投資商品で年利10%とします。

この2人のうち、65歳時点で多くお金を持っているのはどちらでしょうか。

はい、そうです、実はジャックさんなのです。

もちろん年を取ってからでも遅いということはないのだけれど、やはり早い段階で稼ぐに越したことはありません。

インフルエンサーはなぜ数年間で寿命を迎えてしまうのか

「おさる式億を稼ぐマネタイズ法」ではSNSの活用は欠かせません。でも**SNSには意外なリスク**もあります。

まずひとつ目は**年齢によるバリューダウン**です。20歳の人と40歳の人が同じことをやったとき、やっぱり20歳の人のほうが希少性が高くて注目されるわけです。

それから**炎上のリスク、アカウントBAN（停止）のリスク、乗っ取りのリスク**もあります。また、**「飽きられる」**というリスクもあります。

さらにSNSには限りませんが、世の中のルールチェンジもリスクとなりえます。トレンドの変化、増税、国の方針、政策による変更、競合他社、決裁会社の規制、大手企業の参入など。コロナのように急に発生する想定外の世界的変化も、僕たちは目《ま》の当たりにしたばかりです。

こういう時代に生きる僕たちは**「いつ何が起こるかわからない時代に生きている」という認識が不可欠**だと思っています。

これらのリスクは、インフルエンサーも避けられない運命にあります。

数年前に活躍していた登録者100万人以上のトップインフルエンサーの多くは、引退か収益半減という事実があります。

「そういえば前によく世間を騒がせていたあの人、最近見ないよね」ということ、よくありませんか？

残念ながら、インフルエンサーには賞味期限があるのです。

稼ぐのは「今」しかない！

こうしたリスクがあるとどうなるか。**「一時的にしか稼げない」という問題が起こる**わけです。

仮に、起業して月100万円のマネタイズに成功したとします。年収1200万円ですね。それを5年間続けたとします。1200万円×5で6000万円の稼ぎです。一見すごいですよね。月収100万円を5年間稼ぎ続けるなんてすばらしいです。

でも5年後、先に挙げたリスク要因によって、稼ぎがゼロになるということもありうるわけです。

ちなみに日本人の生涯年収は大卒の男性で約2・7億円、女性で約2・2億円と言われています。5年間、月100万円を稼ぎ続けてもこの金額に遠く及ばないのです。

もちろん起業しているから経費にできる部分は大きいけど、税金もかかります。むしろ一気に稼いでいる分、税金を多く取られる可能性すらあるのです。

「SNS起業家」は、今の稼ぎがずっと続くと勘違いしやすいです。「いつか稼げなくなるかもしれない」というリスクが見えていないことが多いのです。

では、どうすればいいか。答えはひとつ。

若くて体力のあるうちに、**短期間である程度の金額を一気に稼ぎきる**という覚悟を持つことです。

もちろん何歳からでも遅くはないし、高齢になってからの起業で大成功している人もいます。でもやっぱり年齢とともに体力が確実に落ちていったり、いろいろなことがしんどくなったりするものです。

ただ、今のビジネスがずっと安定的に続く可能性もあります。**全員が必ず稼げなくなると脅したいわけではない**のです。

しかしこの時代、絶対にリスクは考えておく必要があります。やはり**今が大事**です。

Osaru's Keyword

短期間で集中して稼ぎきれ

みんなが間違えている スタートアップで大事なこと

スタートアップにおいて、心がけてほしいことがあります。

それは**量をこなすことが圧倒的に大事**だということです。

「質と量」があるとして、みなさん、どっちが大事だと思いますか？

多くの人が「質」を求めがちなのですが、**量を確保しないと質が何なのかがわからないの**です。

やっぱり僕のマーケティングの受講生でも、結果を出す人は「量」をこなしています。

もちろん、みんなそれぞれにすばらしいスキルを持っているのですが、やっぱり**やり込んでいる量が違います。それは僕が「基準値を教えている」**ということも大きいと思います。

とにかく**僕自身が時間をかけてやり込む姿、努力する姿を見せることで、「自分ももっとやらないといけない」と受講生自身の基準値が上がっていって、結果的に成果が出るという循環になっている**わけです。

自分で言うのもおかしいですが、僕はもう全力でやりきりました。今もやりきっています。

だから**僕は圧倒的な結果を出せた**のだと思っています。

前述した話ではありますが、簡単に稼ぐなんてありえません。

でも逆に言えば、**やればやっただけの結**

質を重視すると…

質そのものも低下する

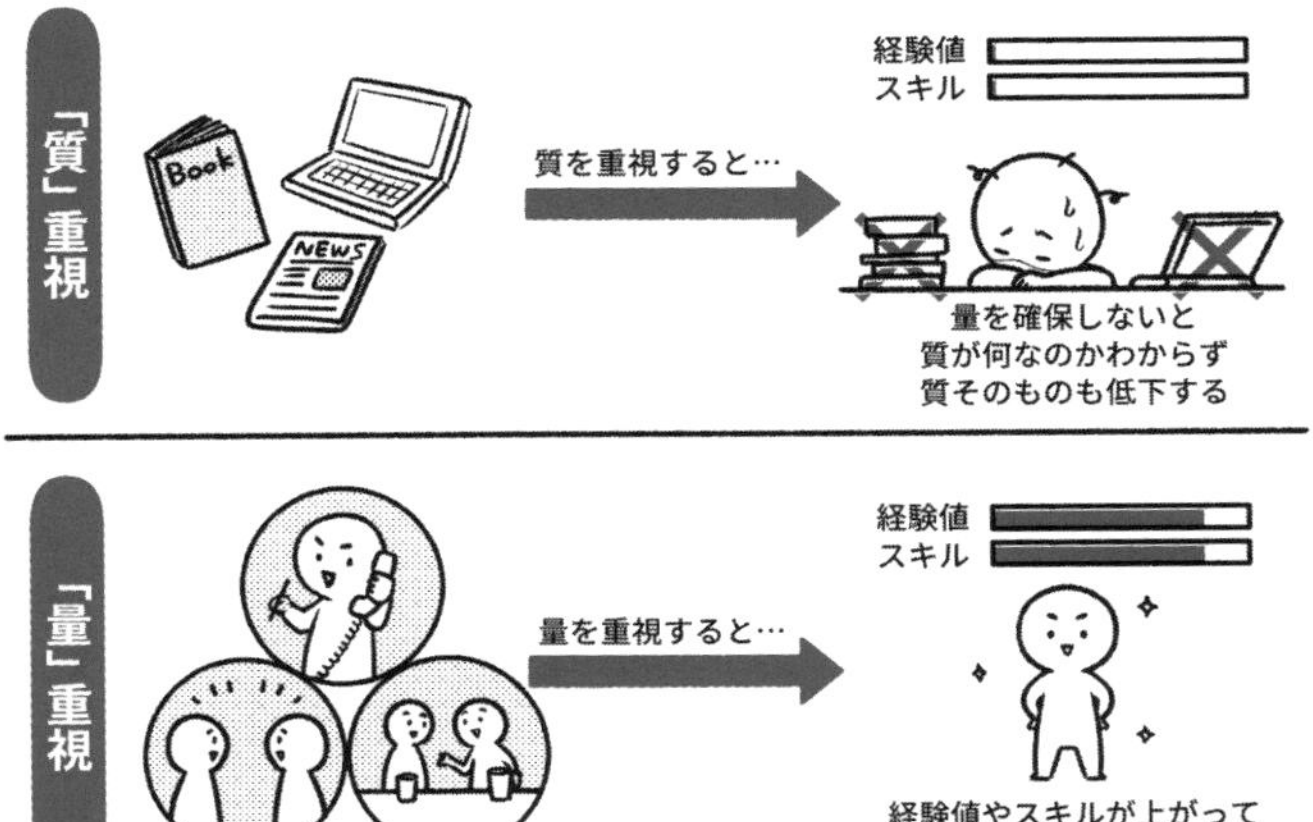
量を重視すると…
経験値やスキルが上がって
質が高まり成果が出る

果が出る世界でもあります。

みなさんも**スタートダッシュでやりきっていただきたい**と思います。

Osaru's Keyword

スタートアップに必要なのは「質」より「量」。全力でやり込もう

第3章

おさる式「億を稼ぐ」ロードマップ

The Golden Ratio Of Money And Happiness

最短最速で「ゼロから上位2％の人」になるための方法

「成果の出ない人」が持っていないもの

今の日本において、純資産が1億円以上の人はわずか上位2％です。でも、「おさる式億を稼ぐマネタイズ法」は億のマネタイズが可能です。事実、僕は事業を始めて1年以内にゼロから億をマネタイズしました。

本章では、**ゼロから「上位2％」に入るための奥義《おうぎ》を伝授**していきます。

本書を読まれている方は、すでにビジネスに取り組んでいるという方もいらっしゃると思います。

そうした方の中には**中途半端な結果しか出ていないとか、結果どころか稼げてすらいないという悩みを持っている**人もいらっしゃるのではないでしょうか。

なぜ成果が出ないのか

それは結論から言うと、**「本質」を捉えずにミクロのノウハウにとらわれてしまっている**からなのです。

たとえば、フォロワー数を伸ばす方法、セールス力をつける方法、ＹｏｕＴｕｂｅの再生回数を伸ばす方法、自己啓発など。

もちろん、これらも大事なことです。でも、これらは「本質」ではないのです。そこには**成果を出すために必ず最初にやらなければいけない一番大切なことが抜けています。**だから成果が出ないのです。

努力をしていても、その方向が間違っている可能性があるのです。

では、本質とは何か。それこそが**「成果に直結する設計図」**です。最初に全体像を把握しておかないことには、何を優先すればいいのか、どう意思決定していけばいいのか、迷ってしまうのです。

設計図がなければ家は建ちませんよね。2階建てで、こういう外壁で、ここにバルコニーがあって、部屋は何部屋で……といったように「こういう家を建てたい」という設計図があってこそ、家が建ちます。

それと同じで**ビジネスも設計図があってこそ、思い通りの成果を得ることができる**わけです。

その設計図こそが**「おさる式ゼロから億をマネタイズするロードマップ」**です。**このロードマップの通りにやれば、あなたも「上位2%」を狙《ねら》うことができる**のです。

僕はものすごい量の行動をして、トライ&エラーで失敗もしまくった結果として、やっとのことで圧倒的な成果を出すところにたどり着くことができました。

でも**このロードマップがあれば僕が切り開いた道をまっすぐたどればいいだけ、最短最速でやるだけでマネタイズできる**のです。

Osaru's Keyword

成功するためには「設計図」が不可欠

ロードマップの5つのステップ

「おさる式ゼロから億をマネタイズするロードマップ」は、次の5つのステップで構成されます。

①無料相談
②モニター生を募集し労働集約型でマネタイズ
③問題点を改善し、ブラッシュアップしながら商品・サービスを完成させる
④受講生対談動画で「実績」と「透明性」をフロントに出す
⑤個別指導をスクール化

この5つのステップを丁寧に、きめ細かくやっていく。それが**おさる式億を稼ぐマネタイズ法のすべて**です。

この5つのステップのジャンルは何であっても同じです。あとはもう、この5つをいかに粒度細かくこなせるかです。

そしてこの5つのステップは、どの段階であってもスキップさせられません。いきなり②からとか、⑤からスタートするとかはダメです。ステップを踏まないと意味がありません。

以下、この5つのステップについて詳しく説明していきましょう。

1 無料相談

Points!

- 顧客の相談に乗ることで経験を積む
- できるだけ多くの件数をこなす
- ビジネスの一連の流れを経験する

ビジネスの第一歩は「無料相談」から！

まず「無料相談」を始めます。ＳＮＳで発信を行いつつ、顧客の無料相談に乗りましょう。

Ｘ（旧Ｔｗｉｔｔｅｒ）の固定ツイート、ＹｏｕＴｕｂｅの特典、ＬＩＮＥの特典、何でもいいのでＳＮＳで無料相談の告知をして始めてください。

これはもう、今すぐにでも始められるはずです。**商品を持っていない段階でも大丈夫**です。

ここでのポイントは２つあります。

ひとつ目は**相談者に「感想をＳＮＳにアップすること」をお願いする**ことです。もちろん強制ではなく、「お願いする」という形でツイートしてもらいます。

２つ目は**できるだけ多くの顧客の相談に乗る**ことです。感想のツイートをお願いすることによって口コミで広がり、相談件数も増えていきます。

「無料相談を始めたけど、全然依頼が来ない」という場合は、ＳＮＳでの発信を頑張って続けていってください。ここではスキルを身につけつつ、有益な情報を発信し続けることです。

僕の場合、英語は商品のない状態で100件以上の無料相談に乗りました。マーケティング事業に至っては500件以上の相談に乗っています。

顧客が少ないうちに経験を積んでおくことが大事だからです。その意味では集客できていないうちがチャンスです。

もちろん、僕のように500件もやらなくて大丈夫です。ビジネスの内容にもよるし、そこまで集客できないという人もいるでしょう。だから件数は自分の状況に合わせて、でも、やれるだけやってください。

Osaru's Keyword

無料相談でできるだけ多くの件数をこなす

個別相談がもたらすメリットとは

個別相談は「集客」「教育」「販売」「顧客サポート」という、この一連の流れを最短最速で経験できるというのが最大のメリットです。もちろんここでの体験はビジネスの縮小版にすぎないけれど、**このすべてを最短最速で経験することは何といっても重要**です。

また顧客と向き合うことによって、**人の相談に乗る練習にもなり、顧客の悩みを理解できます。直感力もついてきます。**それが、その後の情報

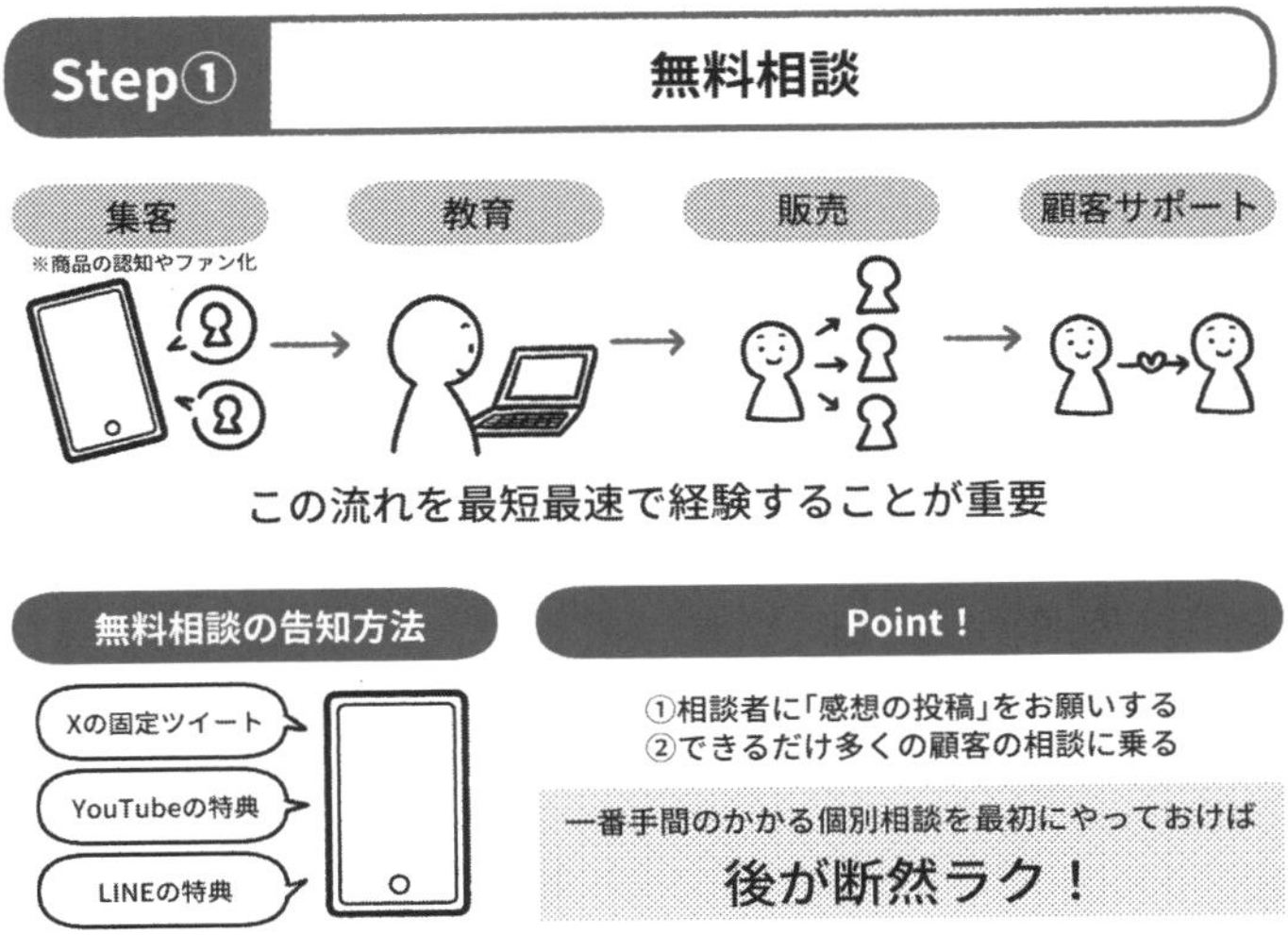
Step①
無料相談
集客
※商品の認知やファン化
教育
販売
顧客サポート
この流れを最短最速で経験することが重要
無料相談の告知方法
Xの固定ツイート
YouTubeの特典
LINEの特典
Point！
①相談者に「感想の投稿」をお願いする
②できるだけ多くの顧客の相談に乗る
一番手間のかかる個別相談を最初にやっておけば
後が断然ラク！

発信にかなり活きていきます。

さらに重要なポイントは、**一番手間のかかる個別相談を最初の段階でやっておく**ということです。

僕の場合は最初の段階で英語の事業で100件の無料相談、個別レッスンを毎日12時間以上、週に5回やっていました。そしてセミナーの日程調整を2500人に手動で送信していました。

今考えたらありえないです。基準値高すぎでした（笑）。

でもここでの経験があったからこそ、今は**受講生の累計が3000人以上になっても、みなさんを手厚くサポート**できます。

最初に基準値を高くしておけば、仕事のレベルも仕事に対する姿勢も高いままをキープできます。

最初から自動化しようとすると、基準値が低いままだから、後にスケールしたときに混乱したり、挫折したりしかねません。

簡単に言うと、**最初に大変な思いをしておくことで、後が断然ラクになる**ということです。

Osaru's Keyword

個別相談の経験は後からめちゃめちゃ活きてくる

「一定の集客ができる人」が陥りやすい失敗

この段階で失敗しやすいのが、実は「すでにビジネスを始めていて一定の集客ができる」という人です。

こういう人は往々にして、セミナーなどを開催していきなり有料商品を販売してしまおうとするのです。しかし、**いきなり商品やサービスを売ろうとしてしまうと、そ**

の商品に何か問題があっても調整ができません。

たとえば、初心者に難しすぎる内容を教えてしまうとか、ポイントがズレているとか、途中の段階が飛んでいる……など。

僕は、これで失敗している人を何人も見てきました。

これが「一対一」の個別相談からだったら、失敗したとしても最小限です。1人1人に向き合って意見を聞き、**調整・修正を繰り返すことでクオリティを上げていく**ことができます。

僕も**無料相談の件数をひたすらこなすことで、商品・サービスのクオリティを上げ、セミナー売りができるレベルまで持っていく**ことができました。

YouTubeを始めて半年あまりで月収2500万円という爆発的な売上を上げることができたのは、それまでに個別相談などで商品やサービスのクオリティを上げられたことが基盤となっています

Osaru's Keyword

個別相談ではひたすら1人1人と向き合い、
調整・修正を繰り返す

column

売れる理由は「ファン化」

英語をネットで個別指導するというサービスはほかにもあるし、大手も参入しています。その中で僕が勝てたのは**「おさるが直接教える」という「おさる」としてのブランド化**ができたことにあると思っています。

通常、英語を学びたいと思ったとき、誰から教わるか、つまり「人」ではなくて「サービス」を見ますよね。どんなふうに習うのかとか、1時間いくらかとか。

でも僕の場合は**「おさるさんから学びたい」**という人が来ているのです。ＹｏｕＴｕｂｅを見て僕のファンになってくれて、その人が買ってくれる。そこが大きな差別化です。

タレントの指原莉乃さんもファン化がすごいですよね。

彼女がプロデュースしたコスメやカラコン（カラーコンタクト）はすごい人気なのだそうです。

アイドル出身ということでもともとは男性に人気があった方ですが、今や女性からも強い支持を集めています。

「指原さんが持っているものが欲しい」「サッシーがいいというなら本当にいいものなのだろう」と考える人がいっぱいいるわけです。

そのためには**誠心誠意取り組む、GIVEの精神で与え続けることが何よりも大事**です。

僕も「おさるさんが言うことなら間違いないよね」と思ってくれるファンができてきたことで、僕の提供する商品が売れるようになったわけです。

2

モニター生を募集し労働集約型でマネタイズ

Points!

- 有料商品を売り始める
- 自分自身が直接サポートすることが商品になる
- 自分のスキルがマネタイズできるという経験を積む

有料商品を売り始めよう

2番目は**「モニター生を募集し労働集約型でマネタイズ」**です。

無料相談をしていると、**ほぼ100%、「有料商品はないのですか？」**と聞かれます。

そこで初めて有料での「モニター生」を募集します。ここは**大きく稼ぐところでは**

ないので、値段も安めに設定します。

この段階では「会員サイト」などのコンテンツはなくていいのです。ここではあなた自身が直接サポートするという商品・サービスで大丈夫です。

ここで欲しいのは報酬ではなく、実績です。

「コンテンツがないのにマネタイズして大丈夫?」と不安になるかもしれませんが、だからこそ「労働集約型」です。自分の労働力を使って、マネタイズに持っていくのです。

スキルを売るという場合、「動画コンテンツ」「教材」などといったものを思い浮かべるかもしれませんが、「労働集約型」も立派な商品として成立します。

個別にレッスンして、親身に寄り添ってあげる、Zoomを頻繁にやってあげる、あるいはチャットを頻繁に返してあげるという、その「手厚さ」で十分満足してもらえます。というか、それが一番顧客満足度が高いです。

いかに満足度を下げずに労働集約部分を減らしていくかが、次のステップとなります。

「労働集約型」ならすぐにマネタイズできる！

僕の場合は、英語で最初、「6カ月の個別レッスン」を30万円で販売しました。「6カ月30万円」というのは相場よりかなり安めでしたが、初めて売れたときはうれしかったですね。うれしくてつい親に報告しました（笑）。

このとき作った商品の内容は、動画添削、音声添削、英文添削、週1のZoomレッスン、課題出し（添削）、チャットでの日報、タスク管理シートなどです。

商品価格は10万円でもいいし、自信がないというなら5万円でもかまいません。

Step② モニター生を募集し労働集約型でマネタイズ

顧客のニーズに合わせてパーソナライズ化できる

顧客満足度が高く成果が出やすい

高い価格を設定できる

↓

すぐにマネタイズできて、実績も作れる！

とにかく**手厚いサービスで顧客満足度を高め、実績を作っていきましょう。**

「労働集約型ビジネス」のメリットは、なんといってもすぐにマネタイズできるというところにあります。

労働集約型ビジネスは、顧客1人1人に合わせてパーソナライズ化できるため、満足度も高く、成果が出やすいのです。動画コンテンツより価格も高く設定できます。続けるほどに、**自分のコンテンツがマネタイズできるという自信がついてくる**はずです。ここではこの経験が大事です。

Osaru's Keyword

自分の労働力を使えばすぐマネタイズできる

3

問題点を改善し、ブラッシュアップしながら商品・サービスを完成させる

Points!

- モニター生の反応を見ながらサービスをブラッシュアップし、商品・サービスを作り上げる
- 価格調整
- 商品を完成させる
- うまくいかなければ返金対応をする

反応を見つつ、価格を調整していく

労働集約型でマネタイズを始めたら、同時にやるべきことがあります。それは**モニ**

ター生の反応、感想を聞きながらサービスの問題点を改善し、ブラッシュアップしながら商品・サービスを完成させるということです。

さらに、ここで**価格調整**もしていきます。

僕の場合は、先ほど言ったように30万円で始めて、最終的に60万円まで価格を上げていきました。でも価格はジャンルにもよるし、人にもよるので、一概にこうとは言えません。

モニター生の結果が出ているようなら、成約率が大幅に下がらない価格帯まで上げていっていいでしょう。逆に売れなかったら、価格を下げつつ、様

Step③　モニター生の反応を見ながら問題点を改善し、ブラッシュアップして商品・サービスを完成させる

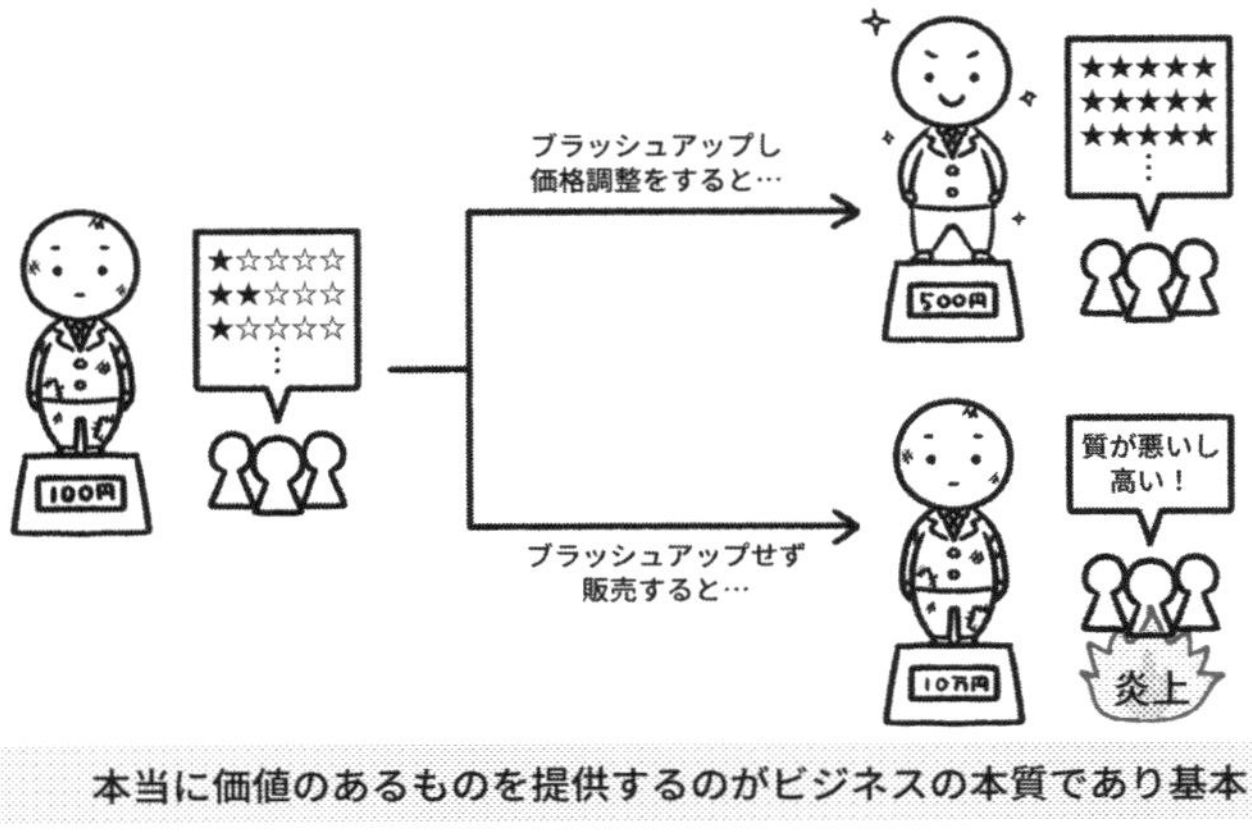

本当に価値のあるものを提供するのがビジネスの本質であり基本！

子を見ます。

ここでセールス感覚を養うわけです。価格については、提示したときの顧客の反応でだいたいわかります。

なぜ高単価で売れるのか

ここで「自分の商品・サービスを高単価で売っていいのか」と不安を感じる方がいらっしゃると思います。

これは43ページで述べたことにも通じるのですが、大事なことは**「顧客の変化」**です。

おそらくみなさんが教える顧客は初心者だと思います。初心者である顧客に難しいことを教える必要はないわけです。

初心者のレベルを1としたら、その人に教えてレベル5（中級）になったらすごい変化ですよね。でもレベル5の中級者が7の上級者になっても、そこまでの変化はありません。

初心者向けのパソコンスクールや、パーソナルトレーニングを考えてみてください。これらもレベル1の人たちをレベル5に持っていくビジネスです。

顧客はその変化に対してお金を払うのです。だから、まずは初心者を相手に一定の成果を出せればいいのです。

自動化できる部分・できない部分の振り分け

また、このとき**「自動化できる部分」「できない部分」の振り分け**を行いましょう。

自動化できる部分は自動化していきます。たとえば、よくある質問とそれに対する回答は「よくある質問集」などとして、動画1本にまとめてコンテンツ化しておくといった具合です。

自動化できない部分は、サポートを手厚くする工夫をしていきます。やる気を出させるための声掛けとか、丁寧なフィードバックといったことです。

この作業も丁寧にやっておきます。

失敗する人に共通していること

こういうふうに**モニター生の反応を見ながら、改善・ブラッシュアップを加えつつ、商品・サービスを完成させることでスモールスタートしていく**のです。これはもう最強のスタート方法ではないでしょうか。

でも、なぜかみんなこれをやらないのです。**テストを経ないで、いきなり商品を売ってしまう人が多すぎる**のです。ブラッシュアップできていないものを売ろうとするから「なんだこれ！」となって炎上してしまったり、トラブルになったり。当たり前ですよね。

繰り返しになりますが、**本当に価値のあるものを提供するというのは基本中の基本**です。そしてそれは難しいことでも何でもなく、ちゃんとスモールステップで段階を踏んで作り上げていけば誰でもできます。ここで手を抜かないことが何より大事です。

Osaru's Keyword

モニター生の反応を見ながら商品をブラッシュアップしていくのが最強のスタート方法

うまくいかなかった場合は……

ここまで説明してきて、こんな不安を持たれた方もいらっしゃるかもしれません。

「うまくいかなかったらどうしよう」

「モニター生の成果が出なかったら？」

その場合でも心配いりません。まず、覚えておいていただきたいのは、**うまくいかなかったら返金すればOK**ということです。

でも、こちらが誠心誠意、手厚くサポートして、それで少しでも成果が出ていれば、実際には「返金してくれ」という人はまずいません。

もし万が一、**返金ということになっても、「実績」「経験」は残ります。**だから次の段階に行くことができるのです。

ただ、問題なのは47ページで述べたように、**モニター生がちっとも成果を出せないという場合**です。

成果がすべての世界です。ここで成果を出せなかったら、スキルが足りないか、何か根本的に間違っているかです。スキルを身につけてやり直すか、別の道を考えるといった選択になってくると思います。

4 受講生対談動画で「実績」と「透明性」をフロントに出す

Points!

・受講生との対談動画を作る
・商品・サービスに透明性を持たせる
・YouTubeを有効活用する

「実績の出た受講生との対談動画」で起こる「すごいこと」

③までで実績を作って商品が完成したら、**「実績の出た受講生との対談動画」をYouTubeにアップ**していきます。文章にまとめてもいいのですが、**「動画」のほうがはるかに強い**です。

対談動画といっても構えることはなく、受講生の実績を紹介し、ビフォーアフターでどう変わったか、講座のどんな点がよかったかなどを語ってもらえばOKです。

受講生の実績はうっかりすると見逃しがちです。そのためにも普段から受講生の進《しん》捗《ちょく》具合、実績を管理しておくことが必要です。

僕は受講生の実績はスプレッドシートにまとめています。担任の先生のように進捗を管理しておいて、そこから実績を拾っていく感じです。

透明性を出す

対談動画で心がけたいのは透明性を出すことです。

透明性とは、

- **どんな商品・サービスを扱っているか**
- **どういった講座運営をしているのか**
- **受講生の実績**

などをSNS上でオープンにするということです。

実は、受講生の実績をフロントに出す人はあまりいないのですが、そこを**しっかりフロントに出していくことで、見てくれる人の信頼を得ることができます。**

あなたの「自分市場」を広げよう

受講生対談動画はあなたの「自分市場」を広げてくれます。「自分市場」とは、あなたの持っている市場です。ここで受講生の実績をフロントに出すと、受講生の信頼を使って自分市場を広げることができるのです。

つまり、**あなたに興味を持ってくれる人、あなたのファンを増やしてくれる**のです。

みなさんも「尊敬する○○さんが受講しているのだったら入ろうかな」などということがありませんか？　つまり、このとき「自分市場」が広がっているのです。

セミナーを開催して、最初はそこそこよかったけれど、2回目以降は集客ができず、購入者が減ってしまう……という経験をする人はとても多いです。これは**「自分市場」が小さく、購入してくれる人の数が限られている**からです。

そうならないためにも、受講生対談動画で一気に自分市場を広げていきましょう。

Osaru's Keyword

受講生対談動画がビジネスを爆発的に伸ばす

僕自身もマーケティング事業で、**受講生との対談動画を出してからはすごいことが起こりました。**みるみる売れて、毎月6000万円とか、1億円だとかいう売上を達成できるようになったのです。もうわけがわからない、意味がわからないほど売れる。**「買ってくれた人」から見ても、9割がYouTubeの対談動画を、最低でも1本は見てくれた人**でした。

逆にYouTubeを見てない人はほぼ購入しません。というのも僕はX（旧Twitter）、Instagram、TikTokもやっているし、本も出していますが、それらの媒体だけを見て来る人はほとんどいないからです。本を読んでくれた人、Xで見てくれた人でも、**必ずYouTube動画を見てから受講してくれる**のです。

本やYouTube以外のSNSは認知のきっかけ、アシストにすぎず、売上にはつながらないのです。これらのメディアでは教育が進まない、ファン化が進まないのです。

仮に**僕がYouTubeをやっていなかったら売上はゼロ、もしくは数百万円程度**だったと思います。

よく「X、Instagram、TikTokで商品が売れません」と嘆く人がいます。これは当たり前なのです。**X、Instagram、TikTokは拡散媒体。**アシストをする役目だからです。

もちろんXもInstagramもTikTokも不要という話ではありません。やったほうがいいです。でも**ストライカー（成約をさせる役目）は必ずYouTube**です。これはもう僕がいろいろやってみての結論です。言ってみれば**すべてのSNSはYouTubeを攻略するためのゲーム**なのです。

YouTube最強説

ほかのSNSに比べて、YouTubeがどう違うのかというと、**集客、教育が両方可能**ということです。

もともとYouTubeは教育のプラットフォームですから、最初からガーッと伸びることはありません。でも**ある日突然、いい動画がバズるなどして、集客ができるようになる**のです。

さらに、**ＹｏｕＴｕｂｅは資産性が高い**です。息の長い集客ができます。たとえば僕の場合、３年前の動画がいまだに再生されていて、３００万回再生されています。

こうした**資産性はＸやＩｎｓｔａｇｒａｍ、ＴｉｋＴｏｋにはありません。**

つまりＹｏｕＴｕｂｅは長期的で安定した集客、教育ができる最強のメディアということです。

実績者対談動画などはもう最強のＬＰ（ランディングページ）です。それだけで商品が勝手に売れていきます。登録者数が少なくても大丈夫です。

Step④ 受講生との対談動画をYouTubeで発信し「実績」と「透明性」を出す

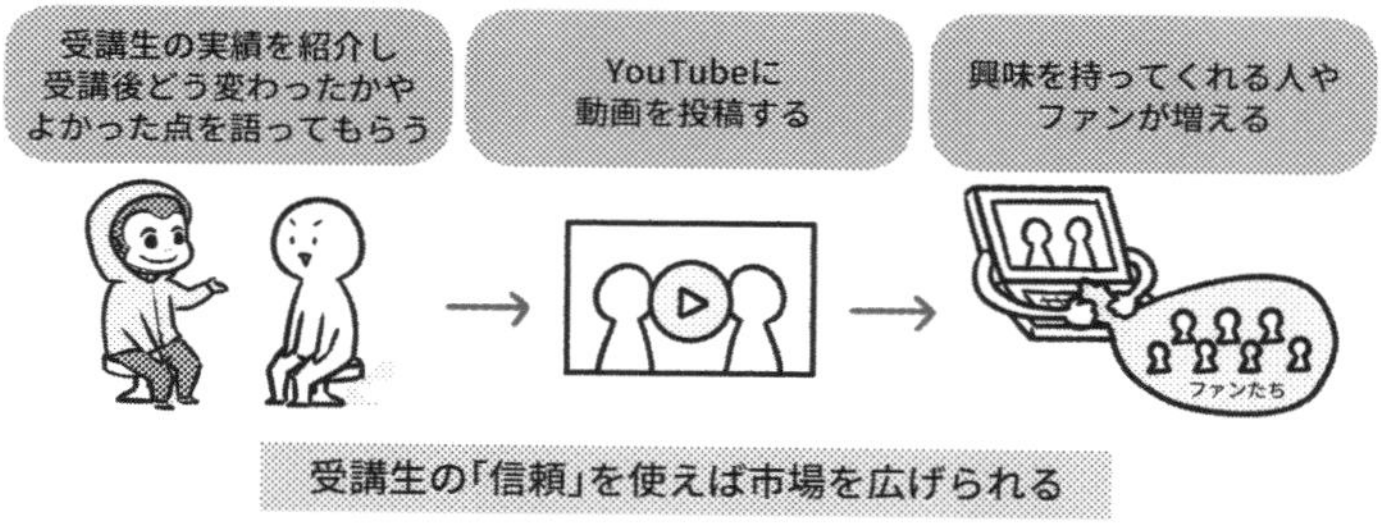
受講生の実績を紹介し受講後どう変わったかやよかった点を語ってもらう
YouTubeに動画を投稿する
興味を持ってくれる人やファンが増える
ファンたち

受講生の「信頼」を使えば市場を広げられる

なぜYouTubeが最強なのか？	・他のSNSは拡散媒体なので売上に直結しない ・YouTubeは集客、教育の両方ができる ・息の長い集客ができるので資産になる

再生され続ける動画を作ればいいのです。1本の動画が1000万回以上の再生回数を上げることもあるのがYouTubeです。

YouTuberになる必要はありません。目的はあくまでYouTubeを集客媒体として自社商品を売ることなのです。だからYouTubeの広告収入はどうでもいいのです。僕も動画の広告収入はあるのでしょうが、どのぐらいあるか把握していません。

Osaru's Keyword

すべてのSNSはYouTubeを攻略するためのゲームと心得よう

「でもX、Instagram、TikTokでマネタイズしている人はいるよね?」

こう思われるかもしれません。

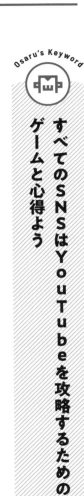

もちろん収益化している人はいます。でも僕がよく言うのは**ＹｏｕＴｕｂｅ以外のＳＮＳは「出稼ぎ」**です。

これらは収益化までにかかる時間が短いのが特徴です。すぐに稼ぐことができるのです。

ただしそれこそ労働集約型です。労働した分だけ稼げる。逆に言えば、労働しなければ売上が立ちません。

毎日ツイートする、毎日フィード投稿をする、ストーリーを上げる。当たり前ですが、時間は有限ですよね。となると、労働量も決まってくるわけです。10労働したら10返ってくるのがＹｏｕＴｕｂｅ以外のＳＮＳです。それを永遠に続けないといけないわけです。

そして1日が24時間しかない以上、売上の上限も決まってしまいます。しかも投稿は資産にならないから、走り続けるしかないのです。

その点、**ＹｏｕＴｕｂｅは収益化までにかかる時間は少々長いけれど、投稿したものが資産になっていきます。**

つまり不労所得、ストック収入です。いったん作ったらずっと再生されるので、売上がどんどん雪だるま式に増えていきます。伸びれば労働を減らすことが可能です。僕は今、英語の動画は年間5〜6本しか上げていません。それでも毎日100リスト以上が集まっています。

センターピンはやはりYouTubeです。

Osaru's Keyword

YouTubeの投稿動画は資産になる！

column

SNSの使い分けワザ

ここで覚えておいてほしいのが、YouTube以外のSNSの使い分けです。

ビジネスにおけるSNSの使い分けのポイントは「集客ができるかどうか」「教育ができるかどうか」です。ちなみに「教育」とは、顧客が商品を知り、購入するまでの働きかけのことで、これを促すことで直接商品販売につながります。ファン化も教育のうちです。では、それぞれ見ていきましょう。

・X（旧Twitter）

集客には強いです。最近のXはフォロワーの数ではなくて、実力主義になってきています。フォロワーがいなくても1万インプ（インプレッション＝閲覧数）も可能です。僕もフォロワーが1000人のときに1万、2万、3万インプまでいったことがあります。ただ、教育に関しては弱いです。

・TikTok

Xと同じで集客には強いです。1本目から数万回再生などといったことも起こりえます。ただ教育には弱いです。

・Instagram

集客に関しては初心者でも伸びやすく、ファンも作りやすいです。教育は基本的にYouTubeに比べて弱いけれど、インスタライブでは教育することができます。ただ、労働集約型です。アカウントBAN（停止）も起きやすく不安定です。

全体として事業者向け（to B）にはXが強く、個人向け（to C）にはInstagramが強い傾向にあります。

5

個別指導をスクール化

Points!

- スクール教材を完成させ、販売する
- スクール化で売上の上限を突破

億をマネタイズする「スクール化」

④で実績をフロントに出すとどうなるか。お客様があふれかえるという現象が起こります。

みなさん、このあふれかえる現象を体験してください。今までのやり方を踏襲すれば間違いなく起こります。これはすごいです。

すると当たり前ですが、個別指導が実質、対応不可能となってしまいます。

今、僕のマーケティング講座の受講生は1000人以上いますが、これを個別指導でやっていたら絶対に回りません。

そこで**「スクール化」**です。

もちろん、スクール化よりも個別コンサルのほうが成約しやすいし、単価も高くできます。でも個別コンサルではスケールしていかないのです。単価と成約率よりもスケールすることが優先です。

スクールで行うべきサービス

この**スクール化こそが売上の上限を突破し、億をマネタイズする最終局面**となります。スクール化のポイントは、**講義とチャットで満足してもらうように設計し、個別のZoomなどは行わない**ことです。具体的には、

- **会員用コンテンツ（教材）**
- **一対多数のセミナー（グループチャット）**
- **個別チャット**

・オフ会

といったサービスを提供していきます。いわゆる「eラーニング」をイメージしていただくとわかりやすいと思います。

個別のZoomは行わないけれど、チャットなどでしっかりサポートしていくようにします。

価格はスキルやコンテンツによって異なりますが、ひとつの目安で言えば30万〜50万円ぐらいです。

スクール教材の内容

ここで、僕がスクールで行っている講座を簡単に紹介します。

まず講座で学べる内容ですが、商品の作成からSNS攻略法、集客方法、セールスの方法まで、コンテンツ販売の方法をすべて学ぶことができます。

特徴は、①非常に実践的であること、②おさるが実際に使っていた動画台本などを渡すので、それを自分用に加工してそのまま使えること、③個別サポートを手厚く行うことの3つです。

形式は、動画講義、ライブセミナーなどで行います。オフ会も月に一度開催し、おさると直接対話したり、会員様同士で情報交換するなど、交流を行っています。

このほか、さまざまな購入者特典をつけ、かなりのボリューム、ハイクオリティのものとなっています。

5つのステップを死に物狂いで実践！

これまで5つのステップについてお話ししてきました。

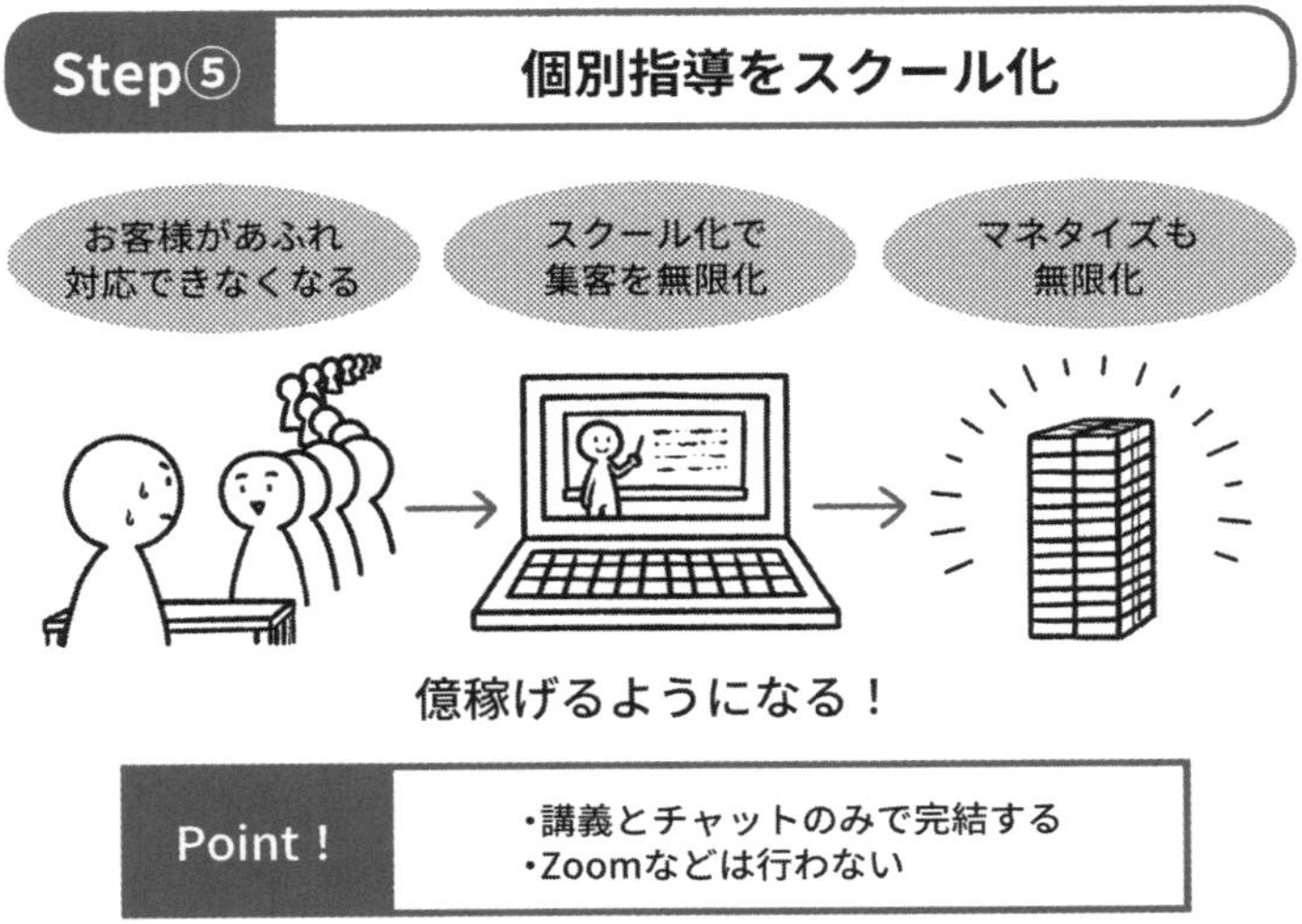
Step⑤
個別指導をスクール化
お客様があふれ
対応できなくなる
スクール化で
集客を無限化
マネタイズも
無限化
億稼げるようになる！
Point！
・講義とチャットのみで完結する
・Zoomなどは行わない

繰り返しになりますが、大事なことは2つです。

まずは**5つのステップの、どの段階も飛ばさないこと。**多少早めるのはいいけれど、飛ばすのはNGです。必ずステップを踏んで行ってください。

そして2つ目は**この5つのステップをきめ細かく、丁寧にやっていく**ということです。ここの丁寧さの部分で大きな差がつきます。**サービスのきめ細かさでみなさんの運命が変わっていく**のです。

この5つのステップをしっかりやることで、**年商どころか純資産で億を達成できます。自分史上最大の圧倒的な実績を現実的に達成することが可能**になります。

簡単にとは言いません。「簡単に、今すぐ稼げる」なんて甘い世界ではありません。でも頑張れば、必ずやいい方向に向かいます。

実際に僕が教えた人たちは、すごい勢いで成果を出しまくっています。

例を挙げると、

・美容サロンの集客指導　月983万円　KURITAさん

・オンラインダイエット講座　月9400万円　くどうさん
・ヤフーショッピング（店舗運営）の支援事業　月5400万円　松下さん
・家庭教師　月1600万円　ゆうたさん
・YouTube台本制作講座　月270万円　ポエマタさん
・体質改善指導　月1000万円　tomomiさん
・救急救命士のためのノウハウ販売　月1000万円　パラメディックホースさん
・車椅子YouTuber、オンラインサロン経営　初めての販売で月280万円　ちんさん

まだまだたくさんあって紹介しきれない

5つのステップを死に物狂いで実践

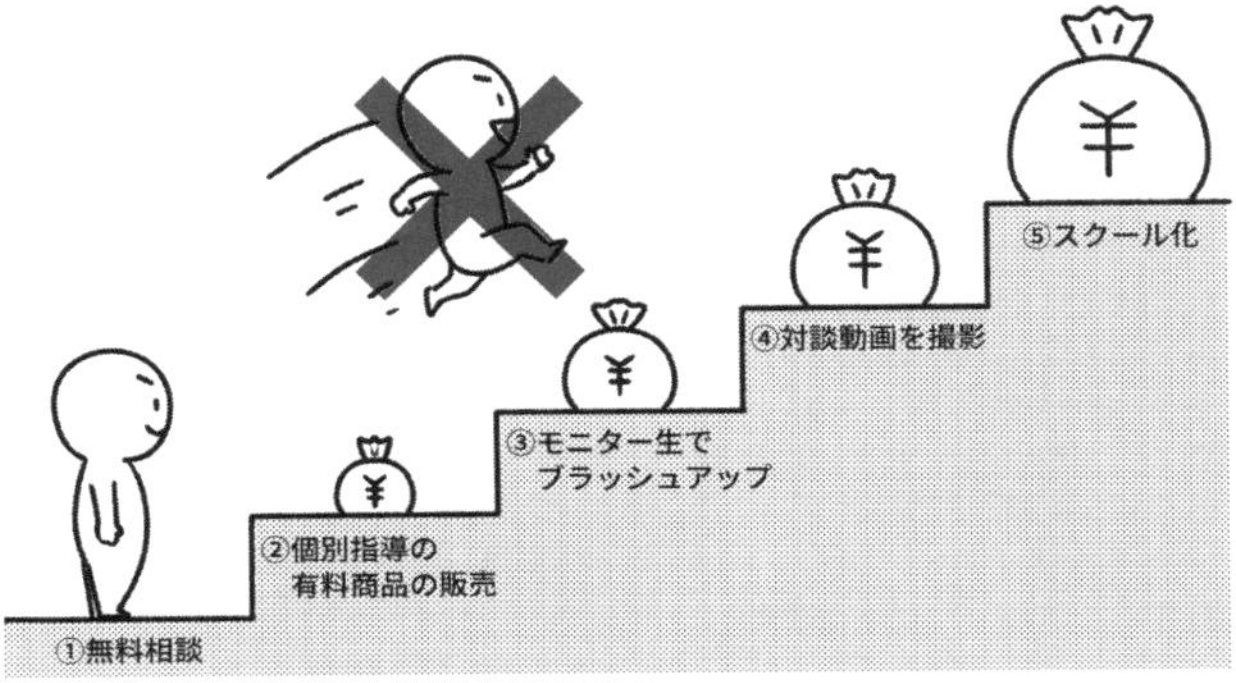

ステップを飛ばさず、きめ細かく丁寧にやる！

のですが、みなさん劇的な成果を上げていらっしゃいます。

初公開！　億をマネタイズできるジャンル厳選50

僕はこれまでに1000人以上を指導してきて、**「億」をマネタイズできるジャンルはどんなものか**わかってきました。これを**今回、本書で初公開**したいと思います。**実際に受講生が億をマネタイズした事実があるジャンル50を厳選**しました。「これがビジネスになるの？」というような意外なジャンルにも市場性があるものです。**もちろんこれ以外のジャンル、ここから派生したジャンルでも十分稼ぐことはできます。**市場は無限大です。リストと照らし合わせて、みなさんの持つスキルをどう提供すればいいか、考えてみてください。

教育系

流行に関係なく、一定のニーズがあるので長く安定的に売れるという特徴があります。一度上げたコンテンツの息が長く、ずっと見てもらえる傾向にあります。一方でライバルが多いというデメリットもあります。語学は僕が指導した経験では英語、中国語、韓国語、スペイン語の順に売上が高かったです。

・塾
・英語
・中国語
・韓国語
・スペイン語

開運・占い系

占いは未来を知りたいというニーズ、引き寄せ・潜在意識はお金や人間関係の悩み、過去のトラウマなどを解消したいというニーズを解決するものです。

どちらも時代を問わず万人に共通するものであり、広いマーケットがあります。YouTube、X、Instagram、TikTok、すべてのSNSが使えます。

・占い
・引き寄せ

・潜在意識
・開運
・気学

恋愛・セクシー系

主には男性に向けたナンパ方法の伝授が多いです。ナンパして女性とお付き合いする、あるいは関係を持つまでをレクチャーします。ストリートナンパの方法、女性の心理、デート術などを指導していきます。これもコアなニーズのあるジャンルです。このジャンルはＹｏｕＴｕｂｅ、Ｘが強いです。

・恋愛
・セクシー
・ナンパ
・アプリモテ術

美容・健康・ダイエット系

美容・ダイエット指導も確実なニーズがある分野です。

体質改善については、細かい不調を解消して、ダイエットにつなげるというものが多いです。ED治療は医師の資格を持っている人が、なかなか人に相談しづらい悩みを解決するものです。このジャンルもYouTube、X、Instagram、TikTok、すべてのSNSが使えます。

- **美容**
- **体質改善**
- **ED治療**
- **ダイエット**

エクササイズ系

ヨガの指導、ゴルフの指導、筋トレの指導などエクササイズ系は基本的にすべて高単価を設定できるコンテンツです。僕の受講生からも高収入を上げる人が続出しています。YouTube、X、Instagram、TikTok、すべてのSNSが使えます。

・ヨガ
・ゴルフ
・筋トレ

心理・人間関係系

心理・人間関係も普遍的な人気のあるジャンルです。
夫婦仲改善、子育ては特にInstagramで成功している受講生が多いです。
コーチングについてはYouTubeが強いです。

・夫婦仲改善
・子育て
・心理
・コーチング

ネット・AI系

すべて、やり方とともに稼ぎ方を教えていくものです。

動画編集であれば動画編集のやり方とともにどうやって稼いでいくのか、ＳＮＳ運用代行も運用代行のやり方、どうやって案件を獲得するのかをコンサルしていきます。

ネット・ＡＩ系のジャンルはＹｏｕＴｕｂｅ、Ｘ、Ｉｎｓｔａｇｒａｍ、ＴｉｋＴｏｋ、すべてで勝負ができます。

- YouTube攻略法
- X（旧Twitter）攻略法
- Instagram攻略法
- TikTok攻略法
- Lステップ
- ブログ
- 動画編集
- ノーコード
- SNS運用代行
- Web制作
- AI関連

物販・マーケティング系

物販のコンサル、マーケティング、セールス、広告も大成功している受講生が続出している分野です。

リアル店舗のフランチャイズ店募集でも、おさる式を使うことで大きな実績を上げている方がいます。物販・マーケティング系もＹｏｕＴｕｂｅ、Ｘが強いです。

- **フランチャイズ店加盟募集系**
- **マーケティング攻略**
- **広告**
- **物販**
- **セールス**

マネー・投資系

資産運用・投資も高いニーズのある分野です。ＹｏｕＴｕｂｅ、Ｘ、Ｉｎｓｔａｇｒａｍ、ＴｉｋＴｏｋ、すべてのＳＮＳが使えます。意外にギャンブルも人気で、ＹｏｕＴｕｂｅ、Ｘで集客がしやすいです。

・資産運用
・投資
・ギャンブル
・不動産
・アフィリエイト

その他

その他「こんなことで?」というようなジャンルで大成功されている方も多くいらっしゃいます。バックオフィスとはリストマーケティング、プロモーション、広告などのサービスを提供する業務です。これもすべてのＳＮＳが使えます。

・バックオフィス
・救急救命士
・お役立ち情報（チート技）
・写真

体験談

1

再現性の高いおさる式で「億」の月収を達成!「お金の哲学」も学びに

クニトミ
（國富竜也）さん

ブロガー。副業で稼ぐ方法を発信する「副業コンパス」運営。ブログは最高月50万PV、Xフォロワー数12万人超。法人・個人向けのSEOコンサルタントも行う。著書に『副業の思考法』（KADOKAWA）がある。

僕はもともとブログのアフィリエイトで月300万~500万円を稼いでいました。最高月1200万円を稼いだこともあります。

アフィリエイトの世界では成功していたほうかもしれないけれど、「他人の商品を売る」ことによる売上であること、また売上自体も月によって高かったり低かったりと不安定で、そのあたりも不安がありました。

また自社製品も販売していたのですが、低単価商品を幅広く売るという方式でした。それがおさるさんに学んでから、高単価で少数の人に手厚くサポートするという方向にシフトしました。そのほうが、受講生1人1人にサポートできる時間が増えるので、圧倒的に受講生の結果が出ることもわかりました。

その結果、僕の売上もみるみる伸びて、最終的に月1億円を達成することができました。今期は経常利益だけで1・5億円はいくと思います。

とにかくおさるさんの方法は再現性が高いことが特徴です。YouTubeの対談動画を見たらわかりますが、おさるさんのコンサルで月何百万円、何千万円を達成した人たちが100人以上いて、その人たちの成功ノウハウ、失敗ノウハウがすべておさるさんに集約されているわけです。だから本当に「この通りにやればOK」というパターンが確立しているわけです。それが本当にすごいと思います。

「YouTubeやXでクオリティの高い情報を提供してLINEに登録してもらい、セミナーを開催して商品を紹介する」というのは、今でこそみんながやっていることだけど、おさるさんが最初に始めたことです。

そして尊敬できるのはビジネスだけではなく、人間性もいいことです。僕はおさるさんと個人的な交流もありますが、本当に誰よりも働いて誰よりもお金を使いません（笑）。お金や幸福についてのマインドもすばらしいと思います。お金や幸福についてあそこまでしっかり言語化している人はいないんじゃないでしょうか。そしてそれこそが、彼があそこまで到達できた理由なのだと思います。

彼の言う「幸福の利確」ということを僕も非常に大切にしています。このマインドがある限り、今後の人生で大きく横道に逸《そ》れたり、失敗することはないんじゃないかと思っています。そのぐらい大切なことを教えてもらったと思っています。

体験談

2

おさる式でビジネスを2軸展開。あっという間に4000万円以上のマネタイズに成功できた

まどか
（森織円香）さん

美容家、マーケター。美肌作りと体質改善を教えるJYB協会（日本陰陽五行トーンビューティー協会）代表理事。コンテンツビジネスをしたい方向けのコンサルも開催。講座＆コンテンツ作り500件の実績を持つ。

美容業界24年のキャリアを活かし、美肌作りと体質改善を教える一般社団法人を運営するほか、初心者～中級者向けにコンテンツビジネスを教える講座という2軸でビジネスを展開しています。

もともとはインスタライブを主戦場に、体質改善を教える講座を売っていたのですが、成約率は20％、売上は月２００万円程度でした。講座の性質上、価格は高単価にはできないので、集客を最大化しなくてはいけないわけです。そうなると自分のやり方では限界があると感じていました。

おさるさんを知ったのはXだったのですが、あんなに若いのに圧倒的な結果を出しているのはすごいなと素直に感心しました。

おさるさんのマネタイズ法を学び始めると、まず私自身、お客様への対応の仕方や向き合い方が変わりました。するとまだ商品を正式に販売していない状態から「まどかさんから教えてもらいたい」という人がワーッと来て、それだけで６００万円を売り上げることができたのには驚きました。まさに「売る前に売れる」を体験することができました。

次の月はおさるさんから学んだプレゼント企画を行ったところ、７００万円の売上を達成。その後も順調に売上が上がって、スタートして半年で４０００万円以上の売上を作ることができました。

成約率も20%から71%まで上がりました。こんな短期間で売上を上げることができたのはおさる式のマジックだと思っています。

それから私にとって転機となったのは、おさるさんに「すごく深いところまで理解できていて教え方が上手だから、マーケティングを教えたらいいのでは」とアドバイスされたことです。そこで初心者～中級者向けにコンテンツビジネスを教える講座を作って販売することにしました。

こちらはXの固定ツイートにしているだけで、派手なプロモーションは一切していないのに、それだけで申し込みが入るのです。

「おさるさんのところでマーケティングを学ばれたまどかさんから教えてもらいたい」という人もたくさんいて、本当にありがたいことだと思っています。

おさるさんのお金のマインドセットも非常に参考になります。私はまだまだこれからが成長期だと思っています。これから先もおさる式でしっかりマネタイズしつつ、おさるさんの「お金の哲学」を実践に活かしていきたいと思っています。

体験談

3

おさる式で売上が2倍に！稼ぐ以上に大切なことも教えられた

YouTubeマスター Dさん

YouTubeプロデューサー。YouTubeプロデュースチャンネル合計1000チャンネルを突破。チャンネル登録者数約10万人。Xフォロワー約2万人。顔声出さないYouTube（通称ステルスYouTube）の名付け親。著書に『カンタン＆本気の副業！　これからYouTubeで稼ぐための本』（ソシム）がある。

顔と声を出さないステルスＹｏｕＴｕｂｅの運営を教えるスクール、一般のＹｏｕＴｕｂｅチャンネルの運営スクールのほかに、ＹｏｕＴｕｂｅのコンサルティング会社の運営、ＹｏｕＴｕｂｅのチャンネル運用と幅広くやっています。

もともと月収２０００万～３０００万円を稼いでいて、その後、段階を踏んで６０００万円まで到達し、「これが限界かな」と思っていました。

ところがおさるさんと出会い、おさるさん自身がすごい成果を上げているだけでなく、おさるさんが教えた人からも「月商億超プレイヤー」が続出しているのを見て、自分もさらに上を目指せるのではないかと思いました。

おさるさんに教わったことはたくさんあるのですが、非常に役立ったことが大きく２つあります。

ひとつは細かい部分が修正できていなかったこと。僕もそれまでセミナーで商品を売るというのはやっていたのですが、セミナーの日程数、時間配分、セミナー自体の長さ、プレゼント企画など、それぞれ「ちょっとの違い」がありました。そこを改善するだけで成約率が０・５％とか

1％上がるわけです。でもその1％が大きな金額となってくるわけです。これは大きかったです。

もうひとつは成果を出した受講生との対談動画です。最初、対談動画を出すのはちょっと気が引けるというか、いやらしいんじゃないかという気がして、少ししか出していませんでした。でもおさるさんに学んで「これは吹っ切るしかない」と思い、前面に出していきました。

この対談動画がヒットしたおかげで売上が急に伸びました。視聴者の僕を見る目が一気に変わり、大きな成果につながりました。自分の実績は自分で出さないと相手にわからないんですね。それも大きな学びでした。

おさるさんのすごいところは「なぜ売れるのか、どうやったら売れるのか」を言語化しているところだと思います。それは確実に再現性があります。

僕はそれまで自分の知識の中だけで手探りで商品販売をしていたのが、おさるさんのやり方を踏襲することで、売上が倍増、1・2億円の月商を達成することができました。

おさるさんのお金の使い方も非常に勉強になります。

僕のまわりでも成功した人はたくさんいますが、浪費したり、お金がどんどん減っていく使い方をしてしまう人がいっぱいいます。

でもおさるさんはお金の守り方、そしてどうしたら自分が幸せになる使い方ができるか、その道筋を教えてくれました。

この教えは稼ぐこと以上に大切なことであり、ものすごく価値のある学びだと思っています。

僕も今後もおさるさんの背中を追いかけながら努力を続けて、限界を突破していきたいです。筋トレもおさるさんに負けないように頑張ります！（笑）

第4章 「お金持ち」を続けるための「おさる式お金の哲学」

The Golden Ratio Of Money And Happiness

お金の持ち方を間違えると永遠にお金持ちになれない

お金の稼ぎ方と同じくらいお金の持ち方・使い方が大事

第3章では「おさる式億を稼ぐマネタイズ法」を特別公開しました。

でも、ここで**ポイントとなってくるのは稼いだ後**です。お金持ちを続けるためには稼いだ後のお金の持ち方・使い方こそが重要なのです。

というのも、**僕たちは「お金を使う」ことについてはたっぷり知識がある**のです。使うことの知識ばかり蓄積しています。

みなさん今、第3章までを読んでくれた状態だと思いますが、いったんそこをリセットして**「1億円を稼ぐにはどうしたらいいか？」**をちょっと考えてみてください。

「1億かぁ……」とちょっと思考停止に陥ったりしませんか？

次に**「1億円を使うにはどうしたらいいか？」**と考えてみてください。「まず家を買う」「車を買い替える」「旅行に行く」「親やきょうだいに援助する」「お風呂をリフォームしてサウナを設置する」など、バンバン出てきませんか？

「使うことについての知識が豊富」というのはこういうことです。稼ぐことより、使うことのほうが参入障壁が低いのです。

お金の持ち方を間違えると永遠にお金持ちになれない！

⚠お金の稼ぎ方を知らないのに使い方ばかり知っていると危険⚠

一時的に収入が上がっただけなのに生活水準を上げてしまい、
稼げないのに出費の多い生活から抜け出せなくなる！

これは**実はとても危険なこと**です。

お金を稼ぐのは大変という意識を持っているのに、お金を使うのは簡単に考えられてしまうのです。まず基本としてこの認識を持ってほしいと思います。

Osaru's Keyword

「お金を使う知識」をたっぷり持っていることの怖さを認識しよう

生活水準を上げると出費も増える！

58ページで述べたように、世の中にはいろんなリスクがあります。今うまくいっていても、その収入がずっと続くとは限りません。

ところが多くの人は一時的に収入が上がっただけなのに、今の収入がずっと続くと過信してしまうのです。

そこで問題なのは、**収入が上がるとそれに伴って生活水準を上げてしまうこと**なのです。僕はそれを**「伴う理論」**と呼んでいます。

たとえば、家賃を上げて広い家に引っ越す。でもそうするとそれに見合う高価な家具、ソファやテーブル、タンスなどのアイテムをそろえたくなります。広くて余った空間があるからそこに絵を飾ろうとか、置物を置こうとなります。

次はそれに見合った車が欲しくなります。車を買うと駐車場代、ガソリン代、保険などの維持費がかかります。

さらに**「素敵な家」「素敵な車」に見合う自分になりたい**という願望が湧いて、服装、時計、アクセサリー、美容にお金をかけるようになります。

こんなカッコいい車に乗っているのだから、いい服を着ようとか、いい時計をしようとか。自己肯定感を上げるアイテムをそろえて、どんどん背伸びをしてしまうのです。

これが「伴う理論」です。何かひとつを上げると、それに伴う出費が連鎖的に増えていくのです。

「ひとつ買っただけ」と思うかもしれないけれど、そのひとつの支出が次の支出を呼ぶのです。ここは**多くの人が見えていない盲点**だと思います。

そうなるとどんどん**元の生活水準に戻れなくなります。**僕はそれをとても恐れます。

Osaru's Keyword

一度生活水準を上げてしまうと、元に戻るのは容易なことではない

The Golden Ratio Of Money And Happiness

「他人の失敗」が教えてくれること

「復活資金がない人」の行きつく先は……

130ページの図を見ていただきたいのですが、純資産1億円を稼いだ人が2人いるとします。そのうちAさんは家賃10万円の家に住み、投資信託などで資産運用をして、生活費を上げることなく地道に生活しています。

一方Bさんは、家を買っていい車を買って、生活水準を上げてお金を使いきってしまいました。

この2人ともずっと事業が順調ならばいいのです。問題は事業が傾いたとき、事業に失敗したときです。1億円のほとんどが残っているAさんは、その資金を使って復活できるのです。でも**1億円を使いきってしまっているBさんはここで復活ができない**のです。つまり資産を使いきったことによる自滅です。

僕が見る限り、**事業で失敗する人はほとんどが生活水準を上げたことによる「自滅」**です。1億円使わないということは1億円稼いだのと同じことなのです。

お金は使わなかったら減りません。

それって当たり前の話ですよね。

でも手元にお金があると、その「当たり前」がマヒしてしまうのです。いったん生活水準を上げたらどんどん使うほうに行ってしまう。そしたら1億円なんてホントにあっという間になくなります。

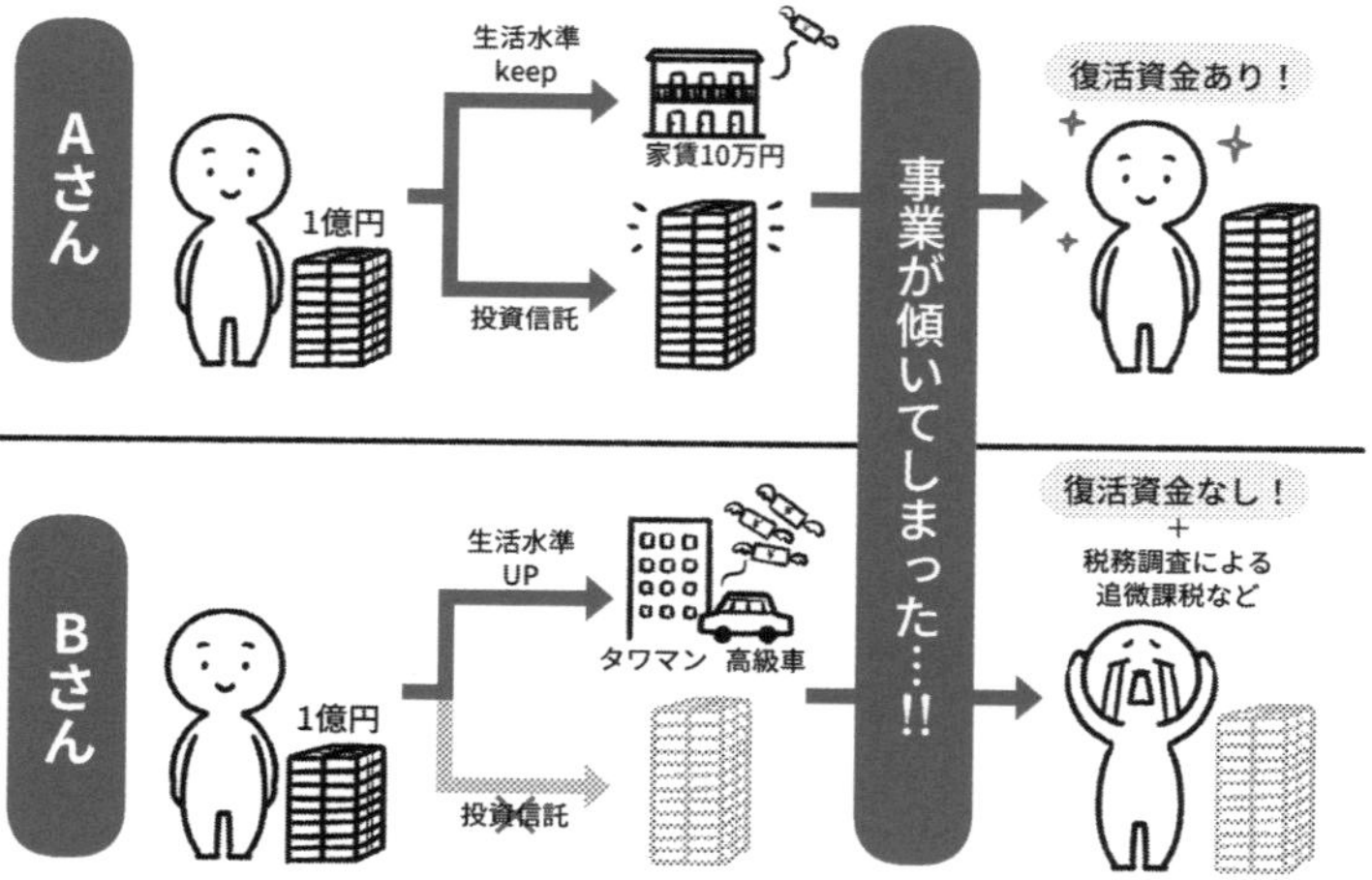

それを考えると、どれだけ成功しても生活水準を一定に保ち、復活できる資金を用意しておくことが大事だと思います。

「失敗したら自己破産すればいい」という意見もあるけれど、自己破産をしても税金は原則として免除されません。

その税金も払えなくて滞納すると延滞税がかかって、ますます積み上がることになります。

だから本当に、お金を持ったときほど気をつけないといけないと思います。

Osaru's Keyword

失敗者のほとんどは資金を使いきったことによる自滅

人の失敗が教えてくれる「本当に大事なこと」

僕はこれまで、**一時的に稼いだはいいけれど、生活水準を上げて悲惨な末路を迎えた人をいっぱい見てきました。**

たとえば、ビジネスで一時的に成功してお金がガーッと入ってきて、すごい高級時計を買って、ブランド物を買いまくって、キャバクラの沼から抜けられなくなった人とか……。

3億円稼いでそれを全部使ってしまって、支払いがどうにもならなくなって、海外に逃げてしまった人とか……。

そういう人たちを見て、**自分に「どう生きたいのか」を問い続けた結果、独自のお金の哲学を持つに至りました。**

今まで大きな失敗をせずにやってこられたのも、この哲学があったからだと思っています。

The Golden Ratio Of Money And Happiness

僕がまったくお金を使わない理由

僕が資産を作れたのは「使わなかった」から

僕は3年半で累計25億円以上のお金を稼ぎ、純資産も10億円以上となっています。

でも、まったくお金を使いません。

生活水準は教員の頃からほとんど変わっていなくて、毎日はこんな感じです。

- **家　今は結婚して引っ越したが、起業してから1年間はずっと実家に住んでいた**
- **昼食　ほとんど食べない**
- **夕食　外食しない、するなら大戸屋**

・趣味　筋トレ・サウナ、仕事

車は持っていないし、家は賃貸です。ブランド物、高級時計、お酒、ゴルフには興味がありません。

資産を残せたのはお金をたくさん稼いだことよりも、使わなかったからです。

生活水準を上げたくないし、ハードワークが基本だから使うヒマもありません。1日3000円もあれば十分です。

もっと言えば使うヒマがないぐらいにハードワークをして自分を追い込むのがお金持ちへの道だと思っています。

Osaru's Keyword

僕が資産を残せたのは生活水準を上げず、お金を使わなかったから

お金を使わない本当の理由は「お金が減ること」ではない

「おさるさんはなんでこんなに物を買わないいんですか？」
「おさるさんはなぜお金を使わないいんですか？」

僕はよくこのように聞かれます。

僕がお金を使わないのは**お金を使うことで損失が発生する**からです。

「いやいや、お金を使ったらそれは損失になるよね」と思うかもしれないけれど、そうではないのです。

お金を使うことの一番の損失はお金が減ることではありません。
物を買うために費やす時間なのです。

たとえば、買い物で100万円を使うとしますよね。そのときには**100万円というお金だけでなく、時間を使って買い物をしているわけです。その時間を使って本来**

稼げたはずのお金があったのです。その時間を使ってしまったことが最大の損失なのです。

だから、散財してお金がなくなって破産する人というのは、お金を使ったことよりも、本来稼げるはずの時間を失ったことのほうが大きいです。稼ぐための実質時間が減ったことによって、**稼ぐ力が落ちてしまう**のです。そういう人も見てきました。

事業がうまくいって動画などで自動化して、その時間を使ってさらに事業を進めるのではなく、遊びや趣味にお金を使っているうちに、事業がまわらなくなるようなケースです。

娯楽への消費＝「お金」と「稼ぐ時間」の消費

本来稼げるはずの時間を失うことが最大の損失。タイム・イズ・マネー

これは、実は決定的に重要なポイントだと思います。

お金を使ってはいけない、遊んではいけないという意味ではありません。使ってもいいし、もちろん息抜きや遊びも必要でしょう。

要は考え方の話です。**お金を使うということは自分のリソースをダブルで使い込んでいるという自覚を持ち、バランスを考えながら使う**ということです。

この**「リソース」という概念があれば、ここでお金を使うべきか、使うべきでないかが、合理的に判断できる**と思います。

Osaru's Keyword

お金を使うということは同時に時間を失うことでもある

僕にとっての「お金」の価値

「使わないなら稼いだお金はどうするのですか？」

という質問もよくされます。

その答えはもう単純です。**使わずに持っているだけでいい**のです。

お金って稼いだからといって使う義務はまったくありません。

僕にとってお金の持つ価値は大きく２つあります。

①お金を使うことでストレスを減らせる
②持っているだけで安心感につながる

まず①ですが、**お金があると日常のあらゆる場面でストレスを減らして幸福度を高めることができる**のです。

たとえば小さなことですが、ラーメンを食べるときに上乗せ料金とかをまったく気にせずにトッピングを頼めるとか。それでもう超幸せじゃないですか。

僕の貧乏教員時代は「チャーシュー追加したら150円か、どうしようかな」とか、そんなことにもいちいち悩んでいました。

旅行でホテルを取るのだって1泊1万円のところと、1万1000円のところとどっちにしようか真剣に悩んだり。

これらは地味にストレスであり、ストレスが多いとやっぱりキツイです。

お金があると、そういう地味なストレスをなくすことができるのです。**決して贅沢《ぜいたく》をしたいとか、豪遊をしたいとかではなく、日常生活を安心して過ごしたい。**お金があることでそれが可能となるのです。

②については、**お金は持っているだけでとてつもない安心感を得られるものだ**ということです。

するとどうなるかというと、日常生活を楽しむことができるのです。**好きな仕事に集中することができるし、普段の何気ない食事やカフェタイムも楽しむことができます。**これはものすごく大切なことです。

僕の教員時代は「日常生活を楽しむ」なんて考えられませんでした。仕事をしている最中に楽しくないのはもちろんですが、日曜日にディズニーランドに行っても「明日は仕事か」と思うと憂うつ、飲み会も愚痴ばかりで楽しくない。

ご飯を食べているときもお風呂に入っているときも「早く辞めたい」という気持ちがよぎるから、「今」を楽しむことができませんでした。

このストレスなく、「日常を楽しめる」という感覚、これこそが僕がお金を持ったことで得た最大の宝だと思っています。

Osaru's Keyword

お金があることのメリットは、ストレスなく日常生活を楽しめること

column

地に足がついているのは両親のおかげ

「おさるさんは若いのに地に足がついていてえらいですね」とほめてくれる人もいるのですが、**こういう考え方ができているのはやっぱり両親のおかげ**だと思っています。

先ほども述べましたが、僕は起業してビジネスがうまくいき始めても、しばらくは実家に住んでいました。教員時代の手取り18万円からしたら、けた外れの金額が入ってくるようになったけど、それまで通りに暮らしていました。

両親も僕の事業が軌道に乗ったことを心から喜んでくれたけど、別に何も変わることなく生活しています。いい意味で、「ごく普通」なのです。決して「お金があるなら○○を買ってくれ」とか「引っ越して豪邸に住みたい」などと言う人たちではありません。

いいホテルを取るから旅行に行こうと誘っても、「いいよいいよ」「そんなの悪いから」と遠慮しがちです。

まあ貧乏性、貧乏思考といえばそうなのですが、とにかく両親のおかげでこうした価値観を持てたのです。それは**本当に運がよかった**と思っています。

The Golden Ratio Of Money And Happiness

お金の正しい持ち方・使い方

超一流ホテルを泊まり歩いてわかったこと

お金をまったく使わない質素な生活をしていると言いましたが、僕も豪遊めいたことはしたことがあります。

特に旅行は結構行きました。コロナ禍のときは、一流ホテルも値段が下がっていた時期がありましたよね。あのときに2週間ぐらい京都旅行をして、トップクラスのホテルを泊まり歩いたことがありました。

一流ホテルはやっぱり雰囲気がすごく豪華だし、おもてなしもすばらしいし、いい経験だったと思います。でもそれを続けていくと感動がどんどん薄れてくるのです。

食事も同じです。1回何万円もするようなフレンチとかお寿司とかも行ったし、今もたまには行くけれど、**何度も行くと最初のときのワクワクがなくなっていきます。**どんどん色あせてくるのです。

人間は慣れの動物です。**贅沢に対してもどんどん慣れてしまい、幸福を感じにくくなる生き物**です。

ラグジュアリー旅行も一流ホテルも経験としてはよかったけれど、もう十分という感じで今はあまり行かなくなりました。後で述べるように親には喜んでほしいから、親と一緒には行きます。でも自分のためだけの旅行はもうほとんどしていません。

おさるがキャバクラに行くとどうなるか……

キャバクラにも2、3回行ったことがあります。

「楽しいから」と誘われて、妻にも事前に伝えて行ってみたのですが、僕にとってはまったく楽しめる場所ではありませんでした。男性は一般的にああいうところが好きなのかもしれないけど、僕には意味がわからなかった。

行ったのはいわゆる高級と言われるキャバクラで、どんなに安く上げようと思っても1回5万円かかるのです。**ウーロン茶を1杯頼んだだけで5万円**です。**手元に100万円あって、使わなかったらそのまま残ります。でも高級キャバクラに毎日行けば2週間で100万円使ってしまいます。**

1回2時間として2週間で28時間、そのキャバクラで費やした28時間が何を生み出したのか。**少なくとも僕はそこに価値を見出すことができません。**

キャバクラもいい経験であったとは思います。ああいうところなのだなということが、行ってみて初めてわかったわけですから。

でも、もう二度と行かないと思います。全然行きたくないです。もちろんあくまでも僕の感想です。価値を見出せる人はもちろんバランスを考えながら、行ってもいいと思います。

「大戸屋」が最強な理由

お金を使って気づいたのは、**使えば使うほど満足度が落ちていく**ということです。

最初は期待値がマックスで「こんな豪華な食事、すごい！」と感激して食べるけれど、2回目以降は当たり前ですが、初回の感激はないですよね。**満足度は初回がもう最高値で、あとは徐々に下がっていく**わけです。

それを繰り返すと、本当にお金を使えば使うほど苦しくなるというか、不幸になっていくような気がして、どんどんお金を使わなくなっていきました。

幸せというのは「満足度から期待値を引いたもの」だと僕は思っています。つまり**「幸福度」＝「満足度－期待値」**なのです。

たとえば5万円の食事の期待値が12だったとします。

でも実際に食べて満足度が10だった場合、

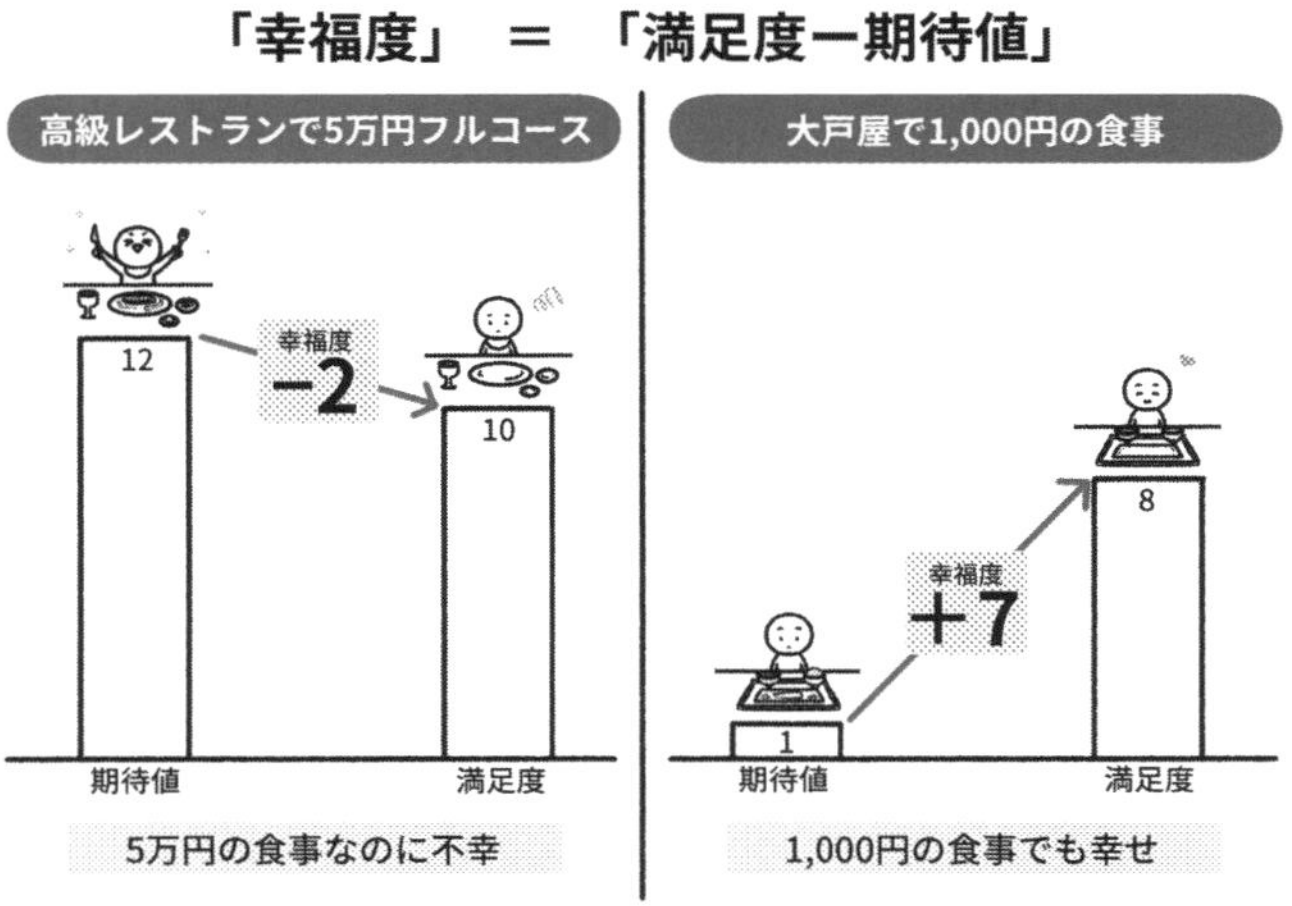

幸福度は「マイナス2」になってしまうのです。5万円の食事をしているのに不幸になるのです。

それに比べて、僕が大好きな大戸屋は1食1000円ちょっと。期待値なんかもう1ですよね。それに対して満足度は5万円の食事の10とまではいかないにしろ、7とか8はあります。プラス6か7の幸せです。

それに気づいたら期待値を上げるよりも、いかに下げるかのほうが大事なんじゃないかと思うようになりました。これはまた後で述べます。

結局、**お金は引換券**なのです。何と引き換えるか。自分にとって本当に価値のあるものとだけ引き換える、そうでないものなら引き換えない（使わない）ことが重要だと思います。

Osaru's Keyword

お金は引換券。自分にとって本当に価値のあるものとだけ引き換える

使わないと死ぬときに後悔する？

「でも、お金を使わなかったら死ぬときに後悔するのでは？」

このような疑問を持つ人もいると思います。

お金を使わずにたくさん残して、いざ死ぬとなったとき、僕も「ああ、もっと使っておけばよかった」と後悔するかもしれません。

そこはさすがにわかりません。

でも、多分それは一瞬だと思うのです。**それよりも「お金を持っている」という安心感が40年、50年続くことのほうが、僕にとって価値がある**と考えています。

死ぬ直前の一瞬の後悔より、そっちのほうが断然いいです。「お金を持つ安心感」はそれほど大事です。

家と車と時計には投資してはいけない

物の所有では一時的な幸福しか得られない

僕はお金は「麻薬」だと思っています。

短期的に満足度を得られるという意味で、お金には本当にすごい魔力があります。

お金さえ使えば手っ取り早く幸福を得ることができます。

でも**人間の欲望には上限値がありません。**どこまでいっても満足できないのです。

ひとつ買うとまた欲しくなったり、すぐに飽きてしまって別の新しいものが欲しくなっていきます。

1泊10万円のホテルに泊まったら次は50万円、100万円のホテルに泊まりたくなっていきます。

おさる式でマネタイズに成功した人には、こうしたリスクがつきまといます。だからこそ気をつけていただきたいと思います。

Osaru's Keyword

お金は麻薬。人間の欲望にはキリがない

ローンは「分不相応」な買い物

たとえば、年収4500万円の夫婦がいるとします。1億円のマンション（住宅ローン）、1500万円の車を所有しているとしましょう。

一見、めちゃめちゃ勝ち組のパワーカップルですよね。

でも実態はどうか。まず4500万円の収入がある場合、税金を引かれた手取りは約2500万円です。

手取り約2500万円なのに、本来手に入るはずのなかった1億円のマンションや1500万円の車が手に入ってしまう。いわば「錯覚資産」です。これが**ローンのマジック**です。

本当は手取り約2500万円なのに1500万円の車を買っている時点、そして**ローンで1億円の家を買っている時点で分不相応**なのです。ローンは金利を考えると純資産で見たらマイナスしかありません。

ここに先ほど述べた「こんな素敵な家に住んでいるのだから」「こんないい車に乗っているのだから」という**「伴う理論」**が働いてファッション、時計、アクセサリーにお金をかける、というように背伸びが始まるわけです。これも怖いことです。

「住宅ローン」の衝撃の裏側

ちょっとここで、住宅ローンをシミュレーションしてみましょう。

５０００万円の物件を金利１％、35年のローンを組んで購入したとします。金利が１％なんて安いと思うかもしれないけれど、この場合、金利だけで約１０００万円です。支払総額は６０００万円近くになります。

そう聞くと「**それはかなりの損だ**」と考えて、ちょっとたじろぎませんか？

でも、これはどうでしょうか。

「月々14万円、年間１６８万円で家が買えます」

「**それならお得だ**」「**自分にも支払えそうだ**」と思ってしまうのではないでしょうか。

「１日あたり４６００円ですよ。あの高級ホテルは１泊10万円ですよ。それを考えたらはるかにお得でしょう」

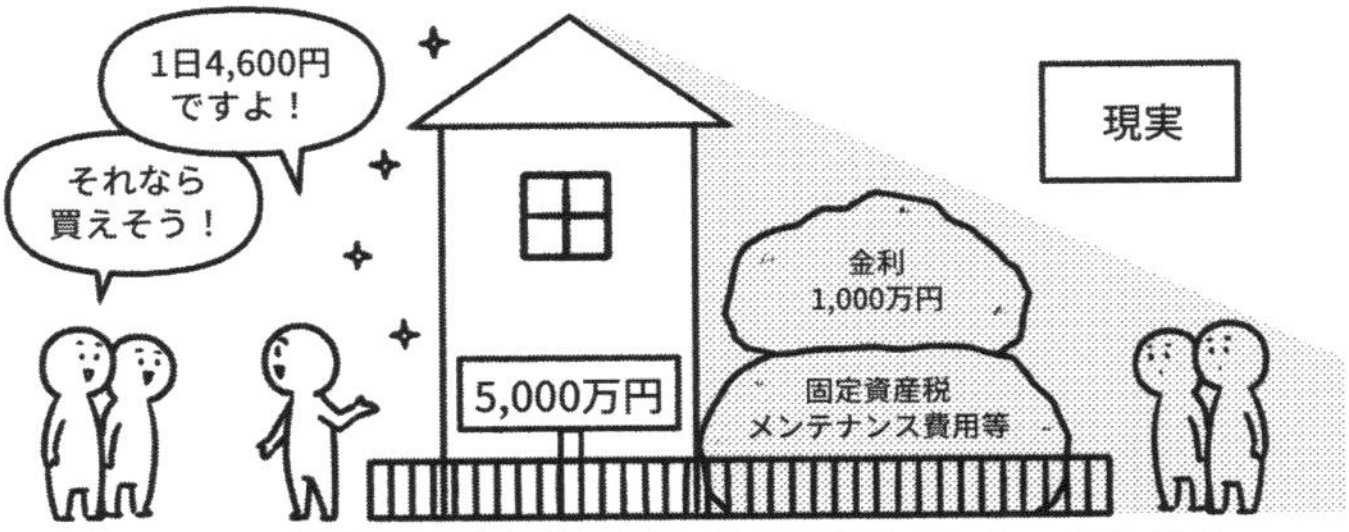

5,000万円の家でも支払うのは6,000万円近くになってしまう

マイホームと賃貸のメリット・デメリット

マイホーム

・一生住み続けなければならない
・災害のリスク
・ご近所トラブル

賃貸

・ライフスタイルに合わせて住み替えられる
・固定資産税やメンテナンスの費用がかからない

このセールストークにつられてしまう人も多いのです。実際は「5000万円の物件に対して6000万円支払う」という事実は見えていません。数字のマジックです。

さらに、ここに「メンテナンス」という費用がかかることも忘れてはいけないと思います。

戸建てにしてもマンションにしても、定期的なメンテナンスは絶対に必要です。

ときどき「今は住宅ローンの金利が安いから、そこで余った分を投資にまわそう」という人がいます。でも、それでも**6000万円の借金があるという事実には変わりがない**わけです。

投資にまわすといっても金利が1%ならば、その投資自体で1%以上のリターンを出し、それを35年間続けないといけないわけです。ここはしっかり認識しないといけないところだと思います。

こうやって考えると、やっぱり**最短で純資産を貯めたいなら賃貸に限る**と僕は思います。

住宅ローンは結局、金融機関が儲かる仕組みになっていて、たとえ低金利であっても利息が大きいから、純資産が貯まっていきません。

「賃貸かマイホームか」議論のひとつの結論

「賃貸だって毎月の賃料がかかるのだから、ローンでも一緒でしょう」という意見もあるでしょう。

でも、**賃貸とローンではリスクが全然違います。**

まず家を買ってしまうと、そこに住み続けることになってしまい、「移動の自由」を失います。せっかくリモートで働ける時代なのですから、1カ所に縛られる必要があるでしょうか。

それからマイホームは災害のリスク、ご近所トラブルのリスクといったことも考えられます。東日本大震災のときに家を一瞬にして失った人がたくさんいたことは、誰の記憶にも新しいところだと思います。

でも、もちろん住宅ローンを組んで買うのがダメというわけではありません。

本当に気に入った家を買うことができて最低でも30年間は住み続ける予定があるとか、マイホームを持つのが子どもの頃からの夢だったというなら、それもOKだと思います。

大事なのは思考法です。**買うにしても借りるにしても思考停止に陥るのではなく、リ**

スクを知ったうえで行動することだと思います。

車と時計は投資にならないツートップ

僕が**無駄遣いの代表格だと思っているのは高級車と高級時計**です。

よく「今買っておけば将来価値が上がるから」と言ってこれらを買う人がいますが、それは散財の言い訳にしているだけです。

実際、ほとんどの車と時計は価値が上がりません。もちろん長年の間に価値が上がるケースもないとは言いません。でもそれは使わずに所有していた場合であって、使ってしまったら必ず物は劣化し、価値は徐々に下がっていきます。

これは、僕が尊敬するプロの投資家がYouTubeで話されていたことです。

その方はあるとき移住先でフェラーリを買ったのだそうです。当時の日本円で4000万円ほどの価格だったと言います。ところが昨年その車を売却しようとしたら、日本円で1800万円の損失が出たと言います。

その間の車の維持費、ガソリン代などのコストも考えるとマイナスはさらに大きくなります。

その動画でプロ投資家さんは**「車の価値は上がらない」「高級車を買ってもリターンはほぼない」**と言明していました。ありとあらゆる高級車を買ってきた人が言うことなのだから、これはもう真理なのだと思います。

もちろん車を買うなという話ではありません。地方とかで車がないと生活できないという人もいるでしょう。移動のための手段として適正価格の車を買うのはもちろんOKです。

僕は都内住みでもあるので車は持ちません。タクシーに乗ったほうが断然安く済みます。しかも仕事で使った**タクシー代は経費**になります。1日3000円使ったとしても月に10万円。年間120万円。それが全部経費になるのですから、ありがたいことです。

もちろん自家用車を仕事で使った場合も、かかった費用は経費になりますが、車の修理代、保険代、メンテナンス代などは全額、経費になりません。それに対してタクシーは管理コストがかかりません。

不確定な未来を都合よく解釈しない

手に入れたものの価値が都合よく上がるとは限りません。**いい結果になることだけを前提に物事を進めるのはリスクが高すぎます。未来は不確定**なのです。

家もそうですが、時計も車も買うなと言っているのではありません。それを買うのが長年の夢だったとか、自分にとってはそれが最高に使い心地がいいとか、**「自分軸」で買うのならOK**です。

でも、多くの人はだいたい見栄や趣味など「他人軸」で買っているのではないでしょうか。「他人軸」で買ってしまうと、いつまでたっても「満足」することがありません。キリがないのです。そこをよく考えてみてほしいと思います。

「自分軸」で購入する場合でも、リスク管理は絶対に重要です。「なくなってもいいお金」で買うことが大事だと思います。

The Golden Ratio Of Money And Happiness

「コスト意識」を持とう

月60万円の家賃が生み出す効果とは

僕がお金を使うとき、**そのコストがどのぐらいの作業時間を生み出し、売上に貢献するのか、本当に満たしたいニーズは何か**ということを考えます。

たとえば今住んでいるのは家賃60万円のタワマンですが、タワマンの一番の価値は「夜景がきれいだから」とかではないのです。夜景はすぐに飽きます（笑）。

僕がタワマンを選んだ理由は**時間を買うことができるから**です。タワマンにはジム、ワーキングスペース、打ち合わせスペースがあって、移動時間が圧倒的に少なくて済むのです。

ほぼ毎日打ち合わせをしたり、対談をしたりしているので、この短縮はインパクトがあります。

それまで移動に週10時間かかっていたことを考えると**月にして40時間以上の可処分時間を増やすことができた**ということです。

さらにスーパー、コンビニ、歯医者、美容室、整体院もすぐ近くにあるので、これらにかかる時間も短縮できています。

これが家賃を節約して遠いところに住んだら、移動に時間がかかったり、買い物に時間がかかったりと、時間という損失が発生するわけです。

家賃60万円は確かにちょっと高いと思うかもしれませんが、**ここに住むことでその何倍、何十倍の価値を生み出すことができる**と考えています。

一概に安いところに住めばいいというものではないのです。家を選ぶときは、時間という概念も併せて考えてみることが重要だと思っています。

自炊vsウーバーイーツ

家賃と同じ考え方で、**自炊をするか ウーバーイーツにするか**という選択もあります。

たとえば自炊をしたら、スーパーに買い物に行く時間、料理をする時間、洗い物をする時間と、場合にもよりますが、合計でだいたい2時間はかかると思います。

仮に1食に使うお金を1000円としましょう。これをウーバーイーツにしたら、配送費が500円かかって1500円になるけれど、その分2時間がまるまる浮くことになります。1000円に

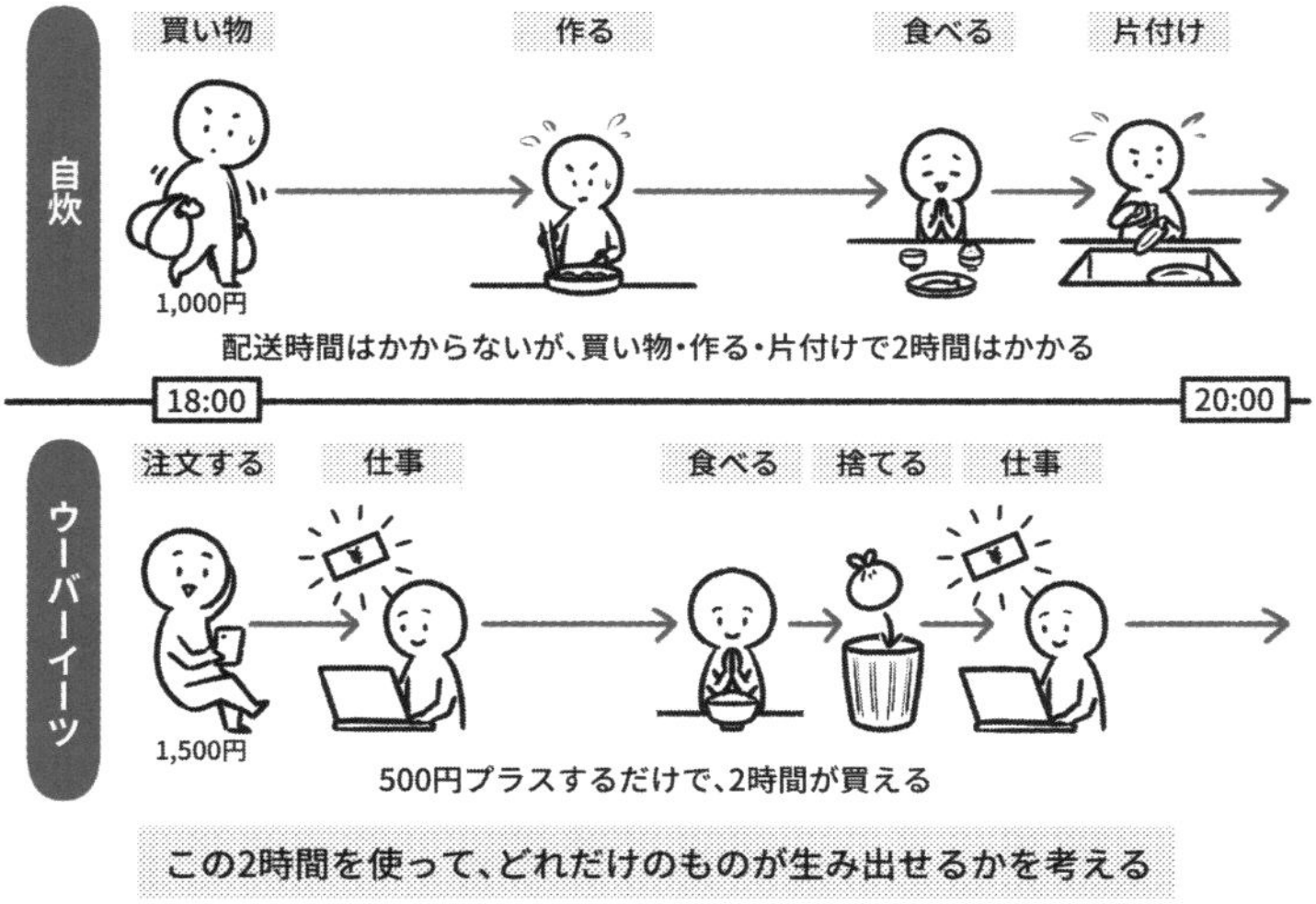

500円をプラスするだけで、2時間が買えると思ったら安いですよね。**大事なことは「コスト意識」なのです。その2時間を使ってどれだけのものが生み出せるのかを考えたら、500円は全然もったいなくない**ですよね。

もちろん、毎食必ずウーバーイーツにしようという話ではないですよ。健康のことを考えたら自炊も必要でしょう。バランス感覚は大切です。ウーバーイーツにする場合も、栄養バランスを考えてサラダなどは惜しまず注文しましょう（笑）。

Osaru's Keyword

お金を使うことで時間という価値を生み出すこともできる

筋トレ・サウナが生み出すもの

僕の趣味は筋トレ、サウナですが、これも単に趣味にとどまらず、それがどんな価値を生み出すかということを考えます。

まず、**ここで生み出すことができる最大の価値は「健康」**です。僕は今1日12時間以上仕事をすることもありますが、それができるのも健康あってのことです。健康を害していたら、長時間働けなかったり、病院に通う時間も必要になったりします。その意味では**健康は時間を生む**のです。仕事をするために健康に投資しています。

また、僕はよくクライアントと一緒に個室サウナに行きます。クローズドの場所でしか話せないこともあり、個室で話すことで仲良くなることができます。**これも趣味以上の価値を生み出してくれる**ものです。

その選択が何を生み出すのか、どんな小さな選択であってもそれを常に考えることが大事だと思います。

でも、こんなにいろいろ言っていても、**コンビニで「期間限定のチョコ」とかがラスー（最後の1個）とかになっていると絶対に買ってしまったりします**（笑）。

「限定性の仕掛け」に弱くて、まんまとハマってしまうのです。もしかしたらコンビニがわざと残り1個にしている可能性もあるのに、つい買ってしまう。

妻にも**「ゴリゴリにやられてるじゃない」**と笑われています。

でも、それだけ人の心理はたやすく操られるということなのだと思います。

本当に得たいニーズは何か

たとえば、飛行機に乗る目的は**「目的地に到着すること」**ですよね。現地に着くのはエコノミークラスでもファーストクラスでも同じです。エコノミークラスであっても「移動」という本質的な目的はちゃんと果たせます。

でも企業はお金を取りたいから、本質ではない枝葉の部分にオプションをつけて高く売ろうとします。

ファーストクラスなら座席がフルフラットで横になれるとか、豪華な食事やお酒が出てくるとかです。

ただ、**お金を多く払っても別に早く着くわけではありませんよね。つまり本質的な価値は高まっていない**のです。本来は高いお金を払うほどに移動時間が短縮されることが価値のはずです。

そうやって**本質的な価値を考えるクセをつけると、本当の意味での「コスパ」のいいお金の使い方ができます。**

高級ホテルや旅館で1泊100万円の部屋とかありますよね。部屋がとんでもなく広くて、ジムやエステがついていたり、やたら豪華なオプションがついているやつです。

僕も泊まってみて初めてわかったのですが、**部屋にジムがあっても使いきれないです**（笑）。長期滞在ならいざ知らず、旅行すれば観光にも行きたいし、そんなにいろいろついていても使わずじまいです。それも本質論で考えることで判断がつくと思います。

投資と税金

3つの投資とその順位

投資についても述べておきましょう。**少ない元手、短い期間で大きいリターンを狙うためには投資は不可欠**です。投資と言っても実は3つの種類があります。

1 自己投資
2 事業投資
3 金融投資

1の「自己投資」は自分の成長のためにかけるお金のことです。
2の「事業投資」は事業を成長させるための投資です。
3の「金融投資」は株式投資、債券投資など。いわゆる一般的に言う資産運用です。
これは同時に**順番を表しています。**

まず**1と2が大事。その余った資金を金融投資にまわす**という考え方です。

大事なのは自己投資と事業投資

まず**自己投資はもっとも重要**です。僕で言えばセミナーを受講したり、海外の最先端のマーケティングを学んだり、あとは英語の勉強などといったことに自己投資をしています。
50万円を自分に投資すれば、それが3年後には月50万円を稼げる自分になり、そこで得たお金をまた自分に再投資していけば、月100万円を稼げる自分になっていくという考え方です。

事業投資は事業を拡大するために使うお金です。僕で言えば人を雇う、外注化、自動化などといったことが挙げられます。

僕は年10億円をマネタイズできるようになった今も自己投資と事業投資をずっと続けています。

それから金融投資ですが、株式や投資信託、FXなどいろいろやっている方も多いと思います。

僕も金融投資にお金をまわせるフェーズに入ってから数年がたちますが、**投資を学ぶことに時間を割くつもりは今後もありません。投資は、それを学ぶのにもかなりの時間がかかるものです。その時間も労働**なのです。

それを考えると今ある事業にコミットして、年間利益を増やすことに集中したほうが稼げるし、再現性も高いと考えています。**投資はほったらかしのインデックス投信ぐらいがちょうどいい**のではないでしょうか。僕もeMAXIS Slim全世界株式（オール・カントリー）に入れています。

結局、**純資産を増やしたいなら、借金（ローン）をせず、身の丈に合っていない買い物をしないこと、そしてお金は自己投資、事業投資にまわすこと。**これが最大の近道だと僕は考えています。

Osaru's Keyword

資金はまず自己投資、事業投資に投じる。余ったら初めて金融投資にまわす

The Golden Ratio Of Money And Happiness

税金は素直に払うのが一番安い

税金で大事な2つのこと

税金については**怪しいものは経費にしない、変な節税をしない、この2つに限る**と僕は考えています。

よく**「これって経費になりますか？」**と質問をする人がいるけれど、そういう質問をしている時点で**「ホントは経費にならないんじゃないか」と思っている**のではないでしょうか。

車や家、服や時計など事業と関係ないものを経費で落とそうとする人もいるけれど、こういうリスクの高い節税をしていると、**税務調査が来て申告漏れなど不備を指摘さ**

れ、追徴課税、重加算税、延滞税などを取られることになります。

僕のまわりの人でもそれで事業が傾いてしまった人がいっぱいいます。

税務調査が来た場合に何が怖いかというと、お金があると思って生活費を上げて資金の減った状態のところに、突然大きなお金を払わなければならないということです。

税務調査はすぐには来ません。数年後です。そのときに本当に今と同じ額を稼ぎ続けることができているか、それも不確定です。

答え合わせは数年後なのです。

ほとんどの節税はアウト

元国税庁のフィードバックを受けている知り合いが言うには**「ほとんどの節税はアウト」**とのことです。

もちろん「そんなことはない。正しい節税もある」という意見もあるでしょうが、問題はそこではありません。**「ほとんどの節税はアウト」というぐらいの気持ちでいたほうがいい**ということです。

税務調査もそうですが、僕の知り合いに、節税だと思って投資したらとんだ詐欺で、数千万円をだまし取られた人がいます。

それからよくネットなどに出ている節税は、本当に微々たるもの、あるいは限りなくグレーに近いもの、のどちらかです。

それを考えると、**税金はやりすぎるぐらい払うのが一番安い**と思います。変な節税をして税務調査でドカッと持っていかれる憂き目に遭わないためにも、ちゃんとキレイに税金を払ってリスクヘッジをしたほうが断然「お得」です。**それこそが最大の節税**だと思っています。

そして**節税よりも稼ぐことだけに集中しましょう。**

節税できる額よりも多く利益を出すことを考えたほうが、中長期的には絶対にお金が残るはずです。

Osaru's Keyword

節税より稼ぐことに集中する

ヤバい話は「信頼している人」からやってくる

稼いでくるとヤバい人がどんどん近づいてくる

僕が経験したことですが、**ちょっとビジネスがうまくいき始めると、いろんな人がめちゃめちゃ寄ってきて、いろんな誘いをしてきます。**

ここだけの投資話があるだとか、一緒にビジネスを始めようと誘われるとか。「1口1000万円だけど、これは100％儲かりますよ」とかいう**ポンジスキーム（投資詐欺）丸出し**の話もいっぱい来ます。

稼げば稼ぐほど、変な話を持ってくる人と出会う確率が増えていくのです。

これが、稼げていないうちはまだいいのです。

たとえだまされても失うものもそんなにないし、もしかしたらその話は本当にチャンスかもしれません。**「ワンチャン当たっちゃう」**みたいなケースがないわけではないです。

つまり、デメリットよりメリットのほうが上回る可能性があるから、リスクを取ってもまだいいと思います（もちろんよくよく慎重に考えて行動してください）。

お金を稼ぐ前はだまそうとする人はあまり近づいてきません。だから「信じる

稼げるようになると、怪しい話をよく持ちかけられるようになる！

お金持ちになることを手伝ってくれる人など一人もいない
相手が誰であろうと「人を疑う」ことを忘れてはいけない

レバレッジ」は高くなります。ただ、お金を稼いだ後はだまそうとする人たちが近づいてきます。そうなると「信じないレバレッジ」が高くなります。

不思議なもので、稼げるようになってくると、グラデーションがどんどん濃くなっていく感じで、だんだん登場するキャラが強敵になっていくのです。

稼げていないうちが「レベル1」だとすると、まわりに集まってくるのも「レベル1」の人です。

でもこちらのレベルが「100」になると、相手のレベルも「100」になってくるのです。今までの世界になかった、超ヤバい人が出てきます。これ本当です。

そうなると持ちかけてくる話のレベルも高くて、思わず話に乗ってしまい、それが詐欺だったときに何千万円を一発でなくす……みたいな話になりかねません。

投資話を持ちかけられて10回のうち9回うまくいったとしても、最後の1回にハズレを引いたらその9回分のリターンがチャラになるぐらいのダメージを負ってしまいます。

だから初めての人、よく知らない人に会うときは特に要注意です。基本的に誰かに「会いましょう」と提案されたときは、相手のほうにメリットがあると考えましょう。

Osaru's Keyword

稼ぐようになると今までにない強敵キャラが登場して巧妙に詐欺話を持ちかけてくる

ヤバい話は信頼している人が持ってくる

そしてこの話の最大の落とし穴は**「ヤバい話は信頼している人が持ってくる」**ということです。

あなたが「この人だけは絶対に信頼できる」と信じているあの人、「まさかあの人が変な話を持ってくるはずがない」と全幅の信頼を置いているあの人、あの人がヤバい話を持ってくるのです。

見るからに怪しい人、よく知らない人、初対面の人であればこちらも警戒して、そんな話にはまず乗りませんよね。でもそうではないのです。信頼していて警戒感がゼロになっている、その相手だから怖いのです。

その人も必ずしもだまそうとしているわけではなくて、その人本人もだまされているのです。その人をだましている詐欺のトップがいるのです。

実は僕もありました。受講生でかなりプライベートでも仲良くしていた人からポンジスキームみたいな投資話を持ちかけられました。

この場合も彼は僕をだまそうとしているのではなく、彼自身もだまされていたパターンでした。

僕はそれまで「信頼している人からヤバい話が来る」という知識があったので、「ああ、これか」とわかりましたが、それでも結構ショックでした。

いつも一緒に仕事をしてきて、もう何年もやっている人がそういうことを言ってくるタイミングがあるのです。

あなたがお金持ちになるのを手伝ってくれる人はいない

急に知らない人が近づいてきて怪しい話を持ってくるのだったら、すぐに見抜けます。でも、そうではない信頼している人からの話だから怖いのです。

詐欺師もいきなりその話を持ちかけてくるわけではなくて、**ちゃんと信頼関係の構築期間をしっかり作ってから提案してくる**といいます。「信頼関係」というのがこの話のポイントです。

だから**誰であっても「人を疑う」という部分は絶対に残しておいたほうがいい**です。信頼している人を疑うなんて気持ちのいいことではないけれど、「そういうこともあるのだ」と頭には入れておきましょう。

「あなたがお金持ちになることを手伝ってくれる人などこの世に1人もいない」と考えておくぐらいがちょうどいいと思います。

Osaru's Keyword

お金持ちになるのを手伝ってくれる人はいない

なぜ成功者はポンジスキームにだまされるのか

ときどき、成功した起業家やインフルエンサーでも投資に失敗したり、ポンジスキームにだまされたりする話を聞きます。

「あんなにうまくいっている人がなぜ」「あの人は頭がよさそうなのにどうしてだまされるんだろう」とみんな不思議に思うけど、これもある意味では当たり前なのです。

うまくいっている起業家は自分が取り組んできたジャンルでの稼ぎ方には詳しいけれど、それ以外のジャンルには詳しくないのです。

当たり前ですよね。でも**「成功した」と気が大きくなっているから、自分の知見のない領域にも平気で投資をしてしまう**のです。

その結果、大きく失敗したり、だまされたりということが起きます。

そこでトラブルを抱えることによって、エネルギーをそっちに持っていかれて、本業がおろそかになってしまうこともあります。

起業家やインフルエンサーが別のジャンルに手を出して失敗するのも同じパターン

です。よくあるのが飲食店、シーシャバー、サウナなど。実店舗を出して失敗する話は本当によくあります。「種まき」などの理由をつけて複数に手を出して全部ダメになるというパターンも多いです。1個うまくいくと、他もうまくいくと思ってしまうのですね。

もちろん他のジャンルに進出して成功する人もいるけれど、そういう人はものすごく勉強してリサーチして、慎重にやっています。

そうではなく、多くの場合、**知識ゼロの領域でやってしまう**のです。

そんな**「新規事業の種まき」なんかより、その時間を使って今の事業で稼いだほうが費用対効果はとても高い**です。新規事業で失敗して既存事業が手薄になり、結局、共倒れしたのでは泣くに泣けません。

Osaru's Keyword

自分の知見のない領域に安易に手を出してはいけない。その時間を今の事業に振り向けたほうが断然コスパがいい

第5章

お金で不幸になる人・幸せになる人

The Golden Ratio Of Money And Happiness

他人軸の生き方ではいつまでたっても幸せになれない

僕らはいつ自分軸の幸せを失ってしまったのか

みなさん、ここでちょっと思い出してみてください。子どもの頃って公園で友達と遊ぶだけで、めちゃめちゃ楽しかったですよね。

明日の遠足が楽しみで眠れなかったりしませんでしたか？

そこには**お金など必要なく、自分の内部に幸せ**がありました。それこそが**自分軸の幸せ**です。

でもそれが大人になって「お金というツール」を知り、お金を持つようになると、お金で簡単に価値と交換できることに気づきます。

お金を使って高級ホテルに泊まるとか、高級旅館ですごいおもてなしをされるとか。どんどん外側に価値を求めるようになります。

お金を使うということは外側からたくさんサービスを受けるということです。

そうなると**「幸せ」が外部に依存していってしまう**のです。それはつまり、自分ではコントロールできない範囲が増えるということ。これはとても怖いことです。

だからこそ、僕らは**幸せの軸を「自分軸」に戻す努力**をしなければいけないのだと思います。

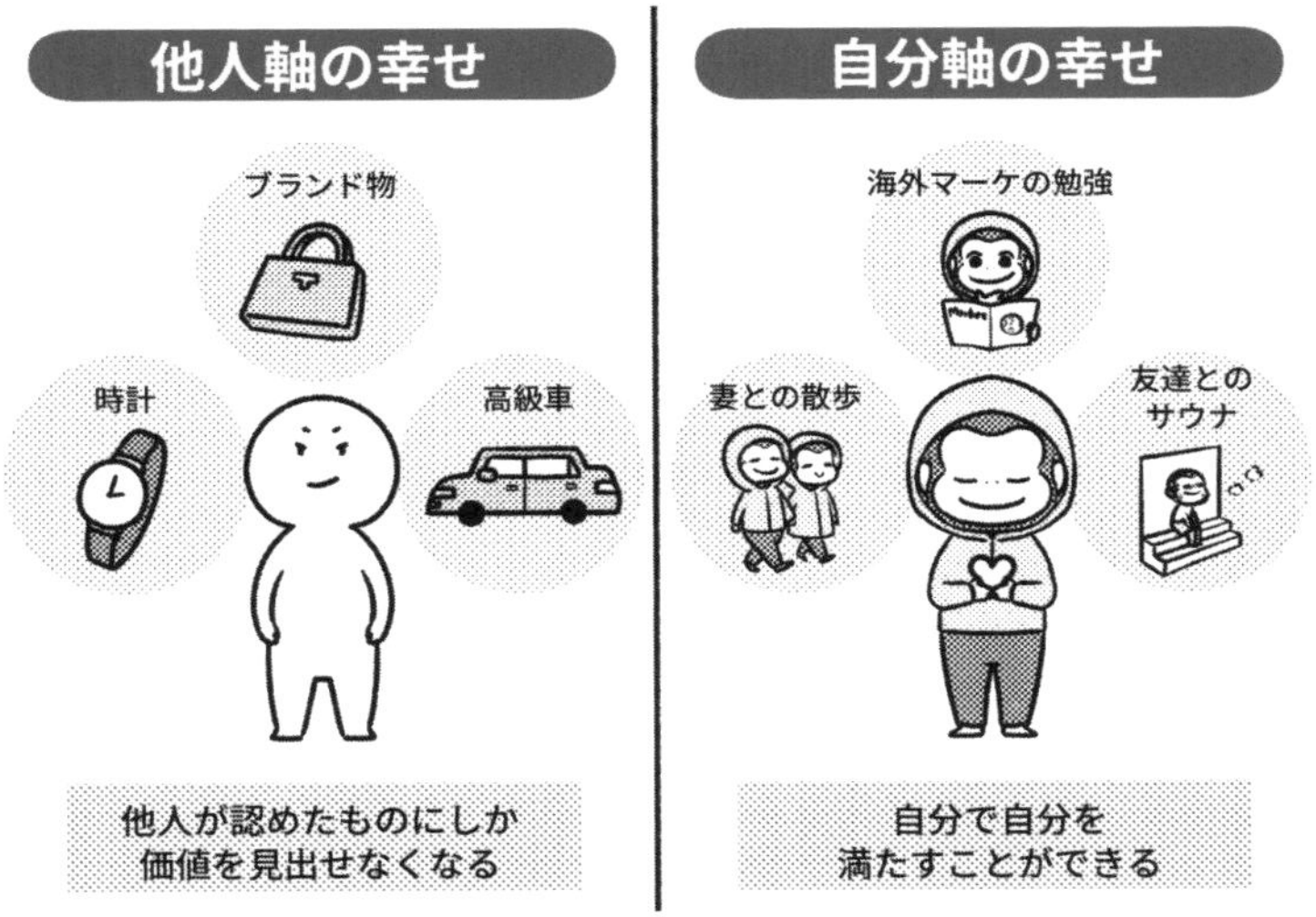

外側の幸せを追いかけていると満足できない

自分軸の幸せとは、他人の目は関係なくて「自分が幸せを感じるもの」に価値を置くことです。だから、自分で自分を満たすことができます。

対して他人軸の幸せは、自分ではなくて他人の意見や考えを優先するから、他人が認めたものにしか価値を見出せません。

ブランド物、時計、車、キャバクラ遊びもそうです。これらは往々にして他人軸で、どれだけ追いかけてもいつまでたっても自分を満たすことはできません。しかもキリなくお金がかかり、キリがありません。

僕も、5つ星ホテルでの旅行、高級店での食事と外部要因で自分を満たした結果、1~3年で「もう十分だな」と思ってしまいました。

そのフェーズが終わってたどり着いた考えが「お金を使わずに幸福を感じられる自分が幸せ」ということでした。それこそが**まぎれもなく僕の「自分軸の幸せ」**だったのです。

もちろん、5つ星ホテルでの旅行や高級店での食事がNGというわけではありません。それが**自分軸で、行きすぎのない範囲内で選んだのならまったく問題がない**と思います。お金の使い方は人それぞれだし、幸せの感じ方も人それぞれです。

でも今の世の中、**普通に生きているだけでも他人軸になりやすい**です。そしてひとつ他人軸になるとドミノ倒しのようにどんどん崩壊していきます。

そこで1回踏みとどまって本当の自分の幸せは何か、考えてみることが大事ではないでしょうか。

Osaru's Keyword

得るべきは自分軸の幸せ。他人軸の幸せを追いかけてもいつまでたっても満足できない

勝って兜の緒を締めよ

僕は毎週のように友人たちとサウナで**「勝って兜《かぶと》の緒を締めよ儀式」**を開いています。

儀式と言っても「お互いに調子に乗らないようにしようね」みたいな話をしているだけですが（笑）。

でもこれは**日々、自分に言い聞かせる必要がある**ことだと思っています。

こうやってもう歯磨きのように習慣として自分に刷り込んでいかないと、簡単に乱れていくと思うからです。

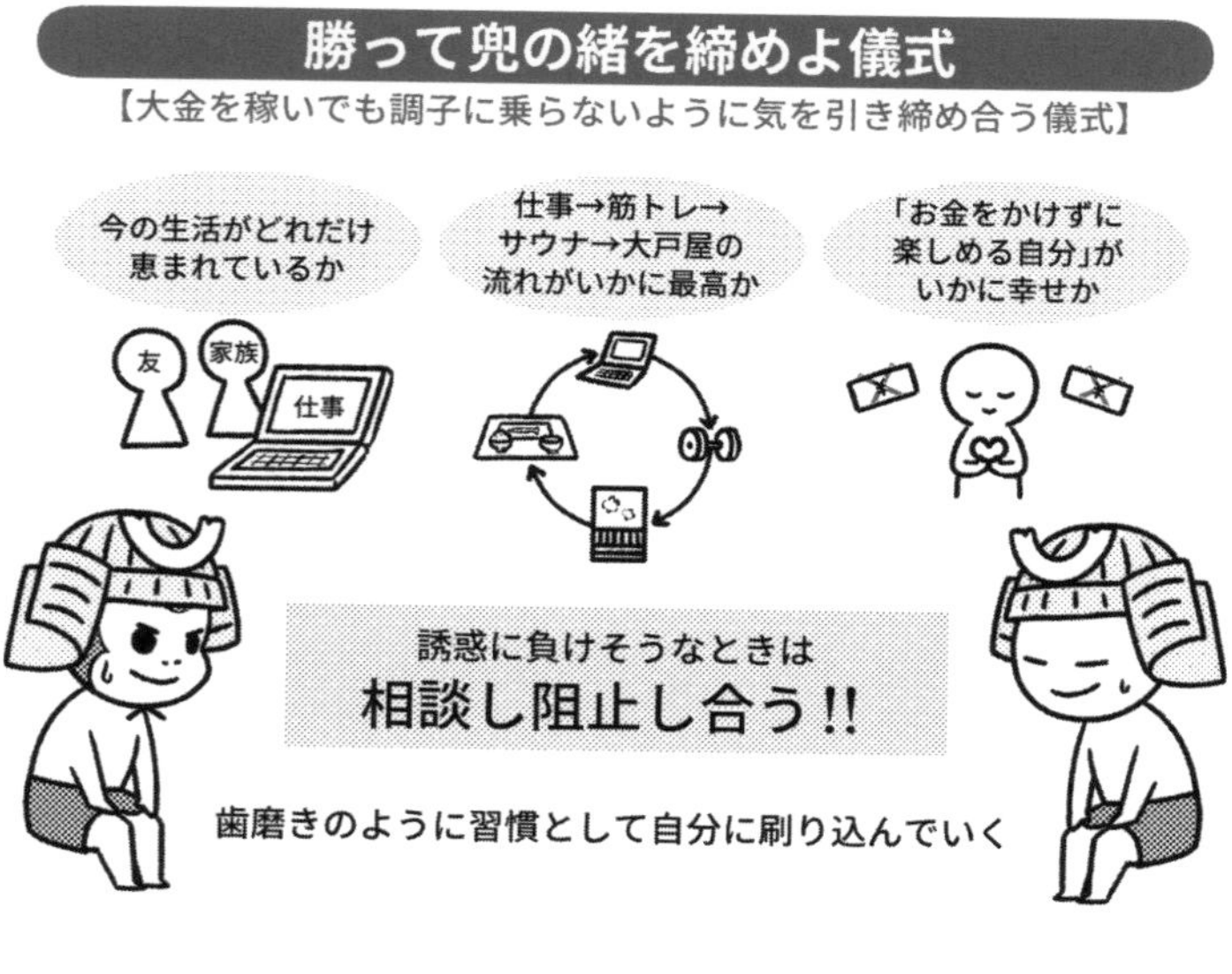

勝って兜の緒を締めよ儀式
【大金を稼いでも調子に乗らないように気を引き締め合う儀式】
今の生活がどれだけ恵まれているか
仕事→筋トレ→サウナ→大戸屋の流れがいかに最高か
「お金をかけずに楽しめる自分」がいかに幸せか
友
家族
仕事
誘惑に負けそうなときは
相談し阻止し合う!!
歯磨きのように習慣として自分に刷り込んでいく

The Golden Ratio Of Money And Happiness

ほどよい幸せが最上の幸せ

失って初めて気づくもの

風邪もそうなのですが、**体を壊したときって健康のありがたみがわかりますよね。**

健康は大事だな、もっと体を大事にしようと思うものです。

それと同じで**「失って初めて気づくもの」**は僕たちのまわりにたくさんあります。

- **空気がなくなって初めて空気を吸えることに感謝する**
- **手や足が使えなくなって初めて感謝する**
- **親がいなくなって初めてありがたみがわかる**

たくさんありすぎてキリがありません。

・発展途上国で1週間暮らしたら日本がいかに恵まれていたか気づく

というのもあります。

これは実際に僕の友人の話なのですが、海外旅行で、とある発展途上国に行ったとき、もちろんその国のよさもあるのだけど、衛生状態とか貧困、格差社会とか、もう日本がいかに恵まれているか、思い知らされたというのです。

そうやって考えると、**僕たちはすでにたくさんの幸せを手に入れていることに気づきます。失って気づくということは、失う前から幸せ**なはずなのです。

もちろん、みなさんは、これからマネタイズしていきたい、幸せを手に入れたいと向上心に燃えていると思います。

でも今の生活、**今持っている幸せ**にまず目を向けてみてください。

先ほど述べたように、人間の欲望にはキリがないことを考えると、ほどよいところで満足する、つまり**「足るを知る」**ことが大事だと思います。

Osaru's Keyword

失って初めて気づくより、失う前から幸せに気づこう

幸福の利確

この「足るを知る」ことを僕は**「幸福の利確」**と表現しています。

どこかのほどよい時点で「幸福の利確」をしていかないと、僕たちはいつまでたっても幸せになれないのです。

そのために僕がしていることは次の2点です。

①今がいかに恵まれているかを何度も口に出して再確認する
②今の生活より生活水準を高める場合は徹底的に検討する

①はやっぱり言語化は大事だと思います。家族や友人と話し合ってみるのもいいかもしれません。僕も妻や友人とよく、何が幸せなのかという話をしています。

②は常に自分を見張ることが大事です。生活水準を上げそうになったときは常に、それが何を生み出すのか、その結果どうなるのか、しっかり考えて結論を出すことが大切だと思います。

自分にとってほどよい幸せを見つける

3年半で25億円以上をマネタイズしてきて、高級ホテルや高級店で食事をしたり、豪華な旅行をした末に僕が気づいたこと、それは**「ほどよい幸せが最上の幸せ」**ということです。

「ほどよい幸せ」は人によって違うと思います。重要な点は**「果てしなく膨れ上がっ**

ていく欲望を追いかける」のではなく、自分にとってほどよい幸せを見つけるということだと思います。

「こんな若造が悟ったようなことを言って」と思われるかもしれません。本当は僕が40歳とかだったらもっと説得力があったのかもしれないけれど、僕も普通の人の10倍以上の行動をし続けて、25億円以上をマネタイズしてきたからこそわかったことです。その意味では40歳ぐらいの経験値は持っているように思います。

お金をかければかけるほど、幸福度が下がる

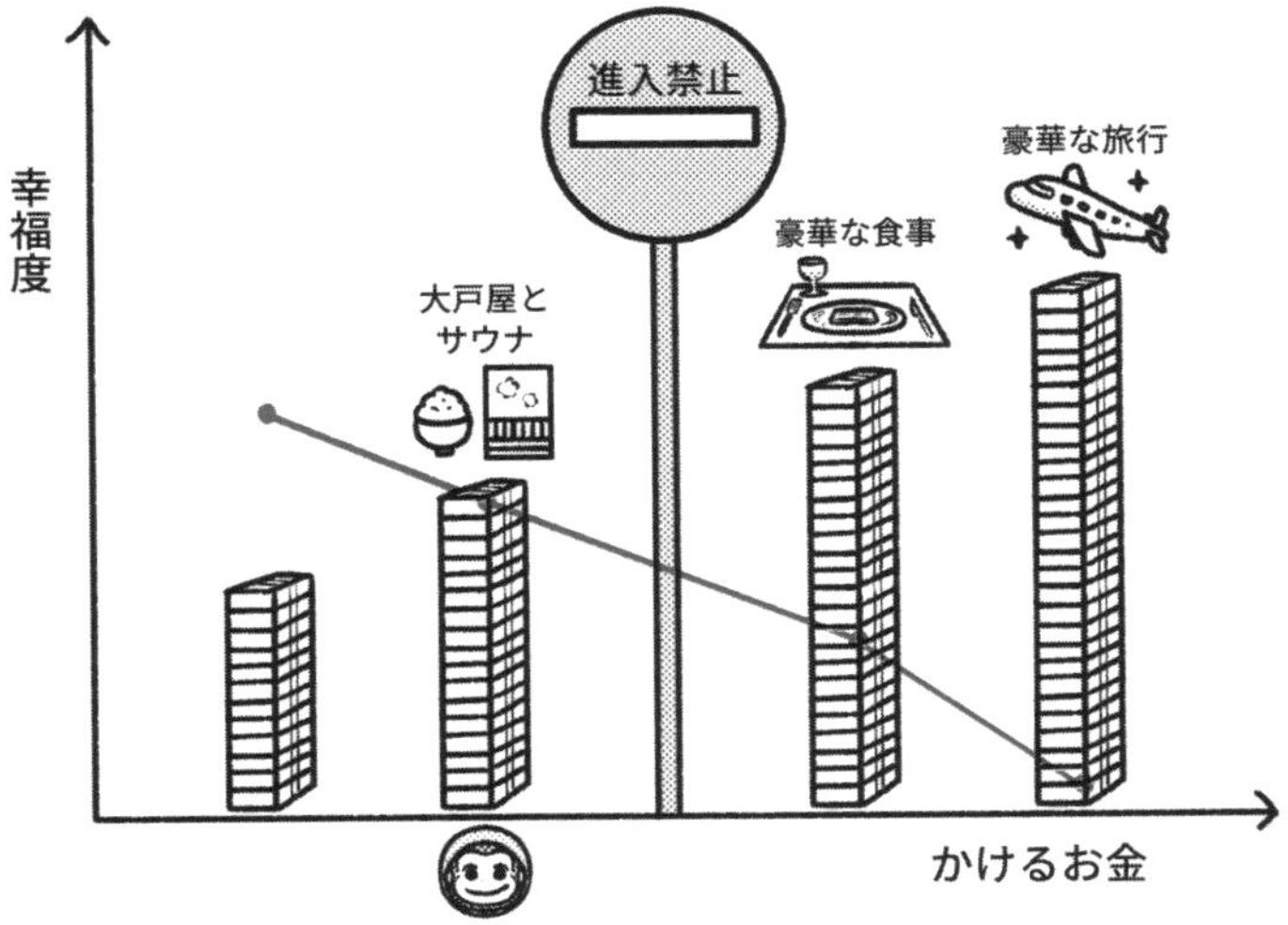

誰もが内側に幸せを持っている

幸せは日常そのものにある

今、僕の毎日は、9時頃起きてジムに行って、仕事して、サウナに行って、ご飯を食べて、夜中の3時、4時まで仕事をして……のルーティンです。

こんな生活のどこが楽しいのかと思われるかもしれないけれど、**毎日がめちゃめちゃ幸せ**です。

「お金を使ったその先に幸せは待っていない」。じゃあ幸せはどこにあるのかというと、**幸せは日常生活にこそある**のです。

好きな仕事、本当にやりがいを感じられる仕事をして、いい仲間がまわりにいて、

家族がいて、もう毎日最高です。

もっと言うと、今の生活すべてが長期的な楽しみ、将来のためにやっていることなので、それも含めてすべてが幸せなのです。

ブランド物、時計、車、女（男）遊びなど、上限値のない幸せらしきものを求めるよりも、**日常の中で幸せを見つけるほうがはるかにいい**です。

Osaru's Keyword

幸福は身近なところにある

あえて期待値を下げていく

ではどうしたら「ほどよい幸せ」を感じるところで「幸福の利確」ができるのでしょうか。

これはもう**「あえて負荷をかける」ことに尽きる**と思います。そして後でも述べますが、**「過程」に価値を置く**ことです。

たとえば、

- **3日我慢した後のご飯は何を食べてもおいしい**
- **ハードワーク後の旅行は夢のように楽しい**
- **ジム・サウナの後の1杯の水は体に染み渡る**

といったことは誰でも経験したことがあると思います。

登山だって2日間かけて、途中で挫折しそうになったり、すべって転んだりしながらやっと頂上に着くからこそ、充実感、達成感が味わえるわけです。

これが**ヘリコプターを使い5分で山頂に着いたら達成感も何もない**ですよね。だからこそ、**「幸せのレベルをあえてマイナスに落とす」**ことが必要なのです。

だからもう僕はめちゃめちゃハードワークが日常です。幸せを感じるためのセンターピンは「負荷」なのです。それしかないと思っています。

結局、幸せの感じ方は**「振り幅」**なのだと思います。

月収10万円の人が10万円給料が増えたら大喜びするだろうけど、月収１０００万円の人が10万円増えても「ふーん」という感じですよね。

僕も個別相談をやっているときは１日15件ぐらい、次から次へとＺｏｏｍをつないで相談を受けて、つかの間の30分の休憩がもう天国のように幸せでした。

もっと極端な例では、服役していた人が

おさるが最高に幸せだと感じる日常生活

3年ぶりに出てきて、外で普通のご飯を食べたら、もう夢のようにおいしいらしいです。

この振り幅です。

Osaru's Keyword

「期待値＝幸せのレベル」を下げれば毎日がとんでもなく幸せ

お金を使わずに自分を満たす方法を知っておく

僕たちは、幸せを逃さないためには**幸せを感じる装置を自らコントロールするしかない**のです。

そのためにも、**お金を使わなくても日常生活の中で自分を満たす方法をたくさん持っておく**ことが大事だと思っています。

他人に満たしてもらうのではなく、自分軸で選んで自分の工夫で満たすということです。

散歩を楽しむとか、景色を楽しむとか、何でもいいのです。

幸せは外側から来るものではなくて、内側から湧いてくるもので、捉え方次第なのだと思います。

散歩も気候の変化とか空気の匂いとかを感じながら歩けばすごく楽しいけれど、忙しくて別のことを考えていたりすると、外の変化なんか気づかないし、ありがたみも感じないものです。

自分の内側にある幸せは何か。**実はこういうものはマネタイズした後からだと見つけづらい**ものです。だから**今のうちから探しておく**ことが重要なんじゃないかと思っています。

Osaru's Keyword

僕らは内側にある「幸せを感じる装置」を自らコントロールするしかない

好きな仕事をやってみんなに感謝される

休みなし、365日仕事でも疲れない理由

今、僕は一日中仕事をしています。

ジム、サウナ、食事時間以外はずっと作業している感じです。

なんならもう稼ぐ必要はないんだけど誰よりも働いています（笑）。こんな生活が365日、休みなしです。旅行にも行くけれど、そこでも仕事をしています。

受講生からの質問のＬＩＮＥやチャットにも鬼レスするので、**「おさるさんは7人いる」「おさるさんは24時間働いている」**と、まことしやかなうわさが流れたほど。

でももちろん寝ていますし、息抜きはしていますよ。分身の術も使えないし、超人

なんかじゃないです。でも自分の中で仕事時間と休憩時間の区切りがないのです。仕事がデフォルトで、その仕事以外のタスクとして食事したり、ジムに行ったりという感じです。

たとえば、ゲーム好きの人はゲームをぶっ続けで10時間やっても全然平気で、ストレスなんかたまりませんよね。それと同じです。**楽しいからどれだけやっても疲れません。**だから努力しているという感覚もありません。

僕が好きなことをやってその結果、みんなが利益を出して喜んでくれる。もう本当にこれ以上のことはありません。

おさるの目指すもの

僕はよく「おさるさんは何を目指しているのですか?」「今後はどんな展開を考えていますか?」と聞かれます。

その答えは、**「特に何も目指してない」**です(笑)。

僕はかつて貧乏教員で、毎日消耗してつらくて、「この生活から抜け出したい」とそればかり考えていました。今でもあの日々に戻ったらどうしようと怖くなります。**あの地獄のような日々から抜け出せただけで十分満足**です。別に大金持ちになりたいわけでも何でもないのです。

普通に仕事をして、普通に妻や家族と仲良く暮らして、普通に受講生や友達と楽しく過ごしたいだけ。**普通をかみしめたい**のです。

お金はある程度を手元に残して、日常生活で安心感を得ながら、サウナに行って、大戸屋に行って、たまに旅行できる人生が最高です。大戸屋好きすぎですね（笑）。

純資産10億円以上でもFIREしない理由

「おさるさんはＦＩＲＥしないのですか？」というのもよく聞かれる質問です。

僕はFIREは絶対にしません。なぜなら仕事をやめてしまうとヒマになるからです。

人間はヒマには耐えられない生き物だと僕は思っています。お金持ちがうつになったり、不幸になったりするのは**ヒマのつぶし方を知らないから**です。

僕が最近気づいたのは、**お金を得るという目的を達成するために働いているのだと思っていたのだけど、そうではなく、お金を得るという過程を楽しんでいた**ということです。

人間は「過程」にこそ充実感・達成感を覚える生き物で、それこそがヒマに対抗する唯一の手段なのです。

これは誰かから聞いた話なのですが、AさんとBさんがいて、Aさんは毎日一生懸命に魚釣りをしているとします。「今日は大漁だった」とか「今日は全然釣れなかった」とか言って、一喜一憂しているその姿を見て、Bさんは「つらそうだ、

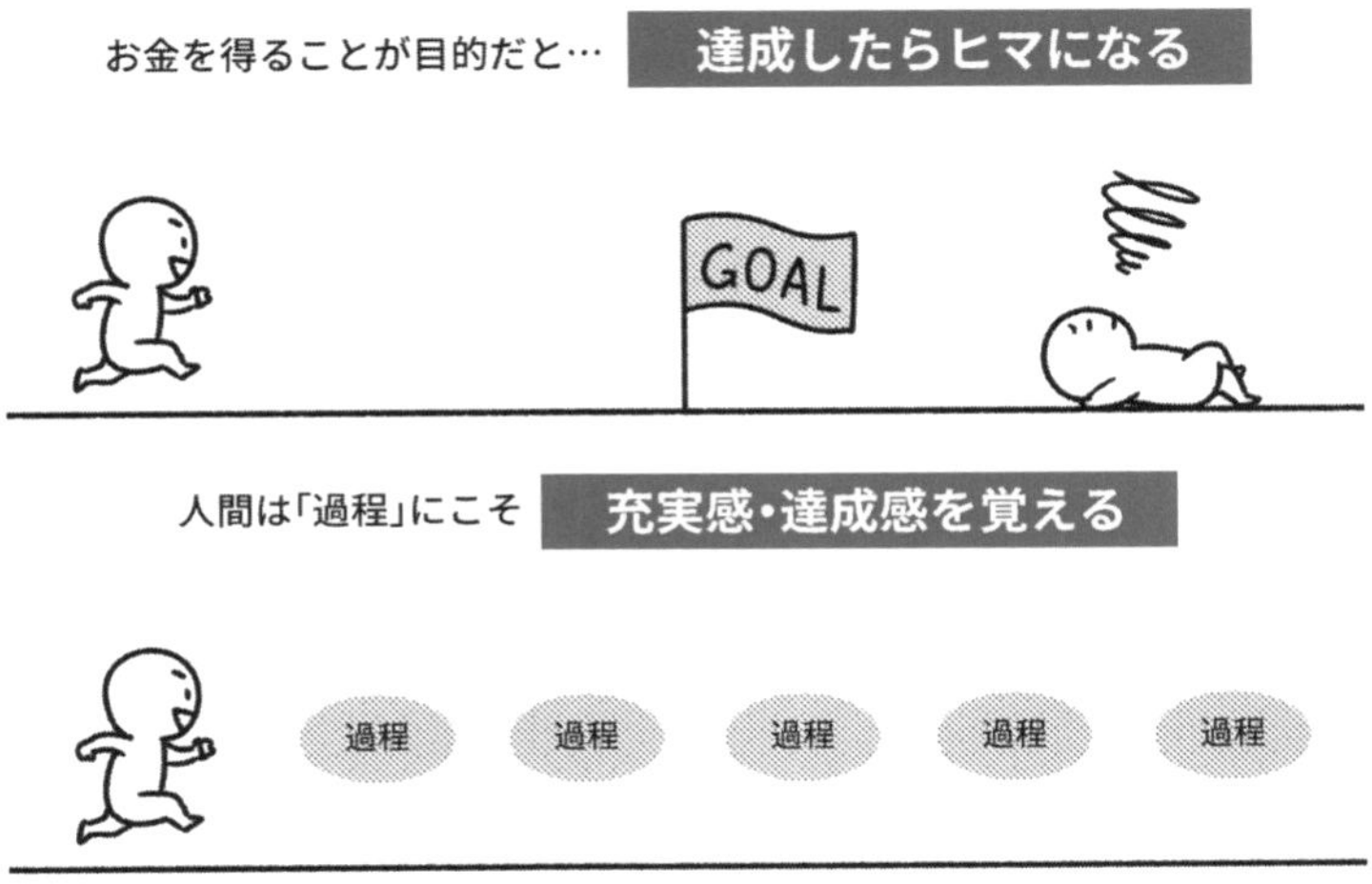
お金を得ることが目的だと…
達成したらヒマになる
GOAL
人間は「過程」にこそ
充実感・達成感を覚える
過程
過程
過程
過程
過程

大変だ」と思って「それならもう一生分の魚をあげるよ」と言ってAさんに魚をあげます。

Aさんは最初こそ喜んだけど、1週間もたつと「これは違うな」と思い始めます。そこでAさんは、自分は魚を釣ることでも、釣った魚を食べることでもなく、魚を釣るために奮闘しているそのプロセスが幸せだったということに気づいたというのです。

非常に示唆に富んだ話だと思います。

The Golden Ratio Of Money And Happiness

人生で本当に大切なものを見つける

稼ぐことからシフトチェンジした今、自分の果たすべきミッション

僕は、明日稼げなくなっても生きていけるという状態になって、今するべきことは**人に還元する**ことだと考えています。

僕の中で大切にしている人は、やっぱり妻、それから両親、家族ですね。そして、受講生、友達、仕事で関わっている人たちです。

この人たちにどう還元していくか。まず仕事においては英語、マーケティング事業を通して誰かの人生を本気で変えていくお手伝いをすることが大事で、同時にみなさんが喜ぶことをしていきたいです。もちろん、この本を読んでくれたあなたにも喜ん

でもらいたいです。

このあいだも受講生の成果達成特典として、限定のＶＩＰプレミアムグループを「アンダーズ東京」という一流ホテルに招いて、セミナー＆宿泊というイベントを開催しました。

もちろん全員ご招待です。１人１泊15万円ほどで、全部で１０００万円かかりましたが、みなさんものすごく喜んでくれて、**本当にいいお金の使い方ができた**と思っています。

１泊１００万円の親孝行

今は親にも胸を張って恩返しできるようになりました。

最近も両親と１泊１００万円を超える日光のリッツ・カールトンに泊まりました。部屋がめっちゃ広くて、というか広すぎて使いきれない（笑）。２泊したので支払額は２５０万円とかでした。

これも理由があります。僕は４人きょうだいの末っ子です。母親は40歳手前で僕を産んでいて、今は60代後半です。もちろん元気ですが、これから先、どのぐらい旅行に行けるかな……と考えてしまうのです。

今の時代、みんな長生きで、特に女性は平均寿命が90歳近いですよね。それを考えれば70歳手前なんかまだまだ若いと思うかもしれないけれど、**長生きをしても健康をキープできるとは限らない**わけです。**「健康寿命」というのがあって、健康で元気でいられる期間というのは平均寿命より短い**のです。70歳でも寝たきりという人はいますよね。

もちろん親にはずっと健康で長生きしてほしいけれど、現実的に考えると旅行にはやっぱり元気で体の動くうちに連れていってあげたいと思うわけです。

親の健康寿命が仮にあと10年だとすると、1年間に4回行ったとしても40回です。そうすると、日光に行くのはもう最後かもしれません。

だから**一番いい部屋を取ってあげたいと思うし、250万円を使ってもまったく後悔もないです。**

旅行と言うと親はすごく遠慮するけれど、月1ぐらいで僕が企画して連れていくようにしています。

今、税理士さんとの打ち合わせを月に1回しているのですが、それは自宅ではなく、実家に行ってやるようにしています。実家に帰る口実というのもおかしいかもしれないけど、定期的に親の様子も見られるし、一緒の時間を過ごすことが何より大切だと思っているからです。

ちょっと前に父親が手術したときも治療費を出してあげられて、**お金があることはこういうふうに一番大切な人を、いつ、どんなときでも守ってあげられる力を手に入れることなのだ**と気づきました。

お金の喜ぶ使い方

受講生に還元したり、親孝行に使うのもそうなのですが、やっぱり**人が喜ぶことに使うのは本当に有意義な使い方**だと思います。

旅行も自分的にはもう十分なんだけど、親が喜ぶのはうれしいし、経験したことがない人に初めての経験をプレゼントすると自分がハッピーな気持ちになれます。

こういう使い方をすると、**お金が喜んでくれる**ような気がします。

サンタさんって世界中の子どもたちにプレゼントを配ってまわりますよね。当然だけどプレゼントを受け取った子どもたちは大喜びです。でも、**本当はサンタさん自身が一番幸せなんじゃないか**という説があります。

自分を楽しませるのではなくて、人に喜んでもらう人生。クリスマスの前夜、子どもたちがワクワクして寝てるのかなとか、そういう想像をしながら実はサンタさんが一番ワクワクしてるんじゃないかと。

人が喜ぶことにお金を使うと自分も幸せになれる！

だから、僕もサンタさんを目指してこれからは人のためにお金を使っていきたいです。

Osaru's Keyword

世界中の子どもたちを喜ばせるサンタさんがこの世で一番幸せな人

お金を稼ぎきったからこそわかった人間の本質

でも、この考え方はある程度マネタイズするまでは気づけないのです。**お金というものが僕らの本能を濁らせます。**

繰り返しになるけれど、人とはお金が目的ではなく、プロセスを楽しみたい生き物なのです。それが**人間の本質**なのです。

僕はたまたまある程度のマネタイズができたから、それに気づくことができたのだと思います。ハードワークをして成長する自分、筋トレをして体ができていく自分が楽しいのです。

あるいは、**人のビジネスのサポートをしてその人が成長していく過程を見るのもすごくうれしいし、幸せ**です。**それでしか幸せが感じられない**ほどです。

それに気づいてからは、価値観がガラッと変わりました。もうお金を稼ぐという目的はなくなったけれど、もっと本質的なところ、より自分の本心に近いところで仕事をしている感覚でいます。

おわりに

本書を読んでくださってありがとうございました。

マネタイズに成功したにもかかわらず、メンタルが落ちてうつ状態になり、つらい思いをしている人、生きる目的を見失って毎日をただ過ごすだけの人……。本文にも書いたことですが、そういう人をたくさん見てきた中で、お金は「稼いだ後」が大変なのだと気づきました。

マネタイズさえできれば自由な世界が待っていると思っていたら、実際にはとんだ落とし穴が待っている、これが「お金の罠」です。

なぜそうなるかというと、お金に対する思考法、哲学が稼ぎに追いついていないからです。

僕自身も何度も壁にぶつかってきたけれど、お金に対する思考法、哲学に出会ったことで落とし穴を回避することができました。これは非常に大きなことでした。

そして思ったのは、僕はマネタイズ法、稼ぎ方を人に教えているけれど、それだけでなく「稼いだ後、どう生きていくか」「どうやってお金を守るか」まで教える責任があるのではないかということです。

そこからは、自分の経験も踏まえてお金の哲学、稼いだ後の人生についてもセットで語るようになりました。

本書はその集大成です。

これから稼ぐ人、稼ぎ始めた人にはぜひ知っておいていただきたいことだと思います。もちろんすでにマネタイズができた人、稼ぐことはできたけれど人生が楽しくないと思っている人も参考にしていただきたいことです。

本書で提唱している思考法の何かひとつでも取り入れて実践してもらえたらうれしいです。

僕は、今後も自分のスキルを活かして、マネタイズしていきたい人、事業を通じて人生の楽しさ、幸福を追求していきたい人を応援していくつもりです。それが僕自身の幸福の追求でもあります。

本書を出版するにあたって、インタビューに協力してくれた事業家の３人に深く感謝します。それから人生の仲間だと思っている受講生、いつも僕を支えてくれる妻、家族にもこの場を借りて感謝したいと思います。

本書を読んでくださったみなさんが、少しでも未来に希望を見出していただけたらありがたく思います。

イングリッシュおさる

Profile
イングリッシュおさる
英語のオンラインスクールを運営する傍ら、各業界のトップインフルエンサーへのマーケティング指導を行う。手取り18万円の教員から起業し、1年目で月商3.6億円を達成。法人化1期目で年商5.2億円（税引前純利益4.7億円）、2期目で年商11億円（同10億円）、起業3年半で累計25億円を売り上げる。YouTubeチャンネル「英語コーチ-イングリッシュおさる」「YouTubeマーケターおさる」運営。登録者数は合計40万人超。英検1級、TOEIC970点。著書に『元・手取り18万円の貧乏教員が起業1年で月商3.6億円を達成したSNSマーケティング術』（宝島社）がある。

参考文献
『本当の自由を手に入れる お金の大学』（両@リベ大学長・著/朝日新聞出版）
YouTubeチャンネル「両学長 リベラルアーツ大学」

＜STAFF＞
構成／高橋扶美
編集協力／松原大輔（シトラスワン）／瀬上友里恵
フォトグラファー／高橋優也
ブックデザイン／菊池祐（ライラック）
本文イラスト／タソ
DTP／アイハブ
校正／山崎春江
編集／尾小山友香（KADOKAWA）

先《さき》が見《み》えない時代《じだい》の「お金《かね》」と「幸福《こうふく》」の黄金比《おうごんひ》
最短最速《さいたんさいそく》で結果《けっか》を出《だ》して幸《しあわ》せに生《い》きる！
新《あたら》しい「お金《かね》の思考法《しこうほう》」

2024年3月4日　初版発行

著　者／イングリッシュおさる
発行者／山下直久
発行／株式会社KADOKAWA
〒102-8177　東京都千代田区富士見2-13-3
電話0570-002-301（ナビダイヤル）
印刷所／TOPPAN株式会社
製本所／TOPPAN株式会社

●お問い合わせ
https://www.kadokawa.co.jp/（「お問い合わせ」へお進みください）
※内容によっては、お答えできない場合があります。
※サポートは日本国内のみとさせていただきます。
※Japanese text only

定価はカバーに表示してあります。

ISBN 978-4-04-606783-8　C0030